사고력 수학

PA3
(7~8세)

평면도형

이 책을 보시는 부모님들께

머리가 좋아야 수학을 잘 한다는 말이 있습니다. 또, 수학을 잘 못하는 아이는 아빠, 엄마의 머리를 물려받아서 그렇다는 등의 난데없는 유전자 논쟁이 벌어지기도 합니다. 하지만 많은 사람들의 일반적인 생각과는 달리 이는 근거없는 이야기입니다. 외국의 한 연구 기관에서 언어, 사회, 수학, 과학의 네 가지 분야 중 어떤 것이 아동의 선천적 재능에 영향을 받는지 조사한 연구 결과를 발표했는데 일반적인 예상과는 다르게 선천적 재능에 영향을 받는 순서는 사회, 언어, 과학, 수학 순이었습니다. 다시 말해, 수학은 여러 학문 분야 중 선천적인 재능보다는 후천적인 환경이나 교육자, 학습자의 노력에 가장 큰 영향을 받는 학문이라 볼 수 있습니다. 수학의 가장 기본이 되는 '수 영역'의 예를 들어 보겠습니다. 아이들이 수를 처음 접하는 시기의 차이는 있지만 실제 수에 대한 감각과 수를 다루는 연습은 생활 속에서의 체험이나 다양한 활동, 학습 속에서 이루어집니다. 즉, 수학의 가장 기본이 되는 수는 선천적으로 가진 재능과는 거의 연관이 없으며 자라나면서 어떤 환경에 놓이는지, 얼마나 많이 수를 생각할 수 있는 기회가 있는지, 나이에 맞는 올바른 학습을 만날 수 있는지에 좌우됩니다. 그러므로 아이의 수학적 발달에 문제가 있다면, 그 아이가 누구를 닮아서 그런지, 지능이 떨어지는지를 따질 것이 아니라 수학적 힘을 기를 수 있는 학습 환경을 어떻게 만들어줄 것인가를 고민해야 합니다.

국제영재교육연구소의 랜즐리 소장은 영재의 기준을 마련하기 위해 여러 연구를 시행한 결과, 영재의 공통적인 특징들을 발견하였습니다. 첫째는 115 이상의 지능지수(IQ), 둘째는 창의력(Creativity), 셋째는 동기적 요소라고 부르는 끈질긴 근성과 과제집착력이었습니다. 이들 세 가지 요소 역시 선천적으로 타고 나는 부분도 물론 있겠지만 대부분 후천적인 학습이나 교육 활동을 통해 기를 수 있는 능력이라는 데에 이의를 제기하기는 힘듭니다.

이처럼 수학적 능력은 후천적 학습 환경에 주로 좌우되며, 특히 어린 시절에는 그러한 경향이 더더욱 두드러집니다. 하지만 우리의 아이들을 둘러싼 수학적 환경을 다시 한 번 돌아봅시다. 초등학교를 들어가기 전부터 과도한 학습량과 무의미한 반복 활동, 이후의 수학 학습에 오히려 방해가 될 정도로 무리한 선행 학습 등의 환경은 아이의 수학적 힘을 길러주기보다는 수학에서 가장 중요한 창의적 사고력을 기를 수 있는 기회를 박탈함과 동시에 수학에 대한 흥미를 급속하게 떨어뜨리게 하여 수학으로 문제를 해결하려는 의지, 즉 수학적 동기를 스스로에게 부여하는 것을 불가능하게 만들어 버립니다. 중요한 것은 남들보다 먼저, 그리고 더 많이 수학적 지식을 머리 속에 주입하는 것이 아니라 태어나서부터 누구나 가지고 있는 수학에 대한 관심, 그리고 수학으로 생각하는 힘을 일깨워주는 것입니다.

수학을 잘할 수 있는 힘,

수학적 잠재력은 이미 여러분 아이들의 머릿 속에 줄곧 있어왔습니다. 단지 어떤 아이는 그것을 찾아내어 드러낼 수 있었고, 어떤 아이는 꼭꼭 숨긴 채 평생 드러나지 않을 뿐입니다. 이러한 수학적 잠재력에 대한 참신한 자극 – 생각을 두드리는 '노크'를 제안하려 합니다. '노크'는 수학적 지식과 스킬만을 무리하게 밀어넣지 않습니다. 왜 수학을 해야 하고, 어떻게 수학으로 가능한지 끊임없이 스스로 생각하게하는 계기로서의 활동이 되려 합니다. 일상으로부터 괴리된 학문으로서의 수학이 아닌, 삶을 살아가며 반드시 키워야 할 논리적, 합리적 사고력을 기를 수 있는 누구에게나 가장 중요한 경쟁력으로서의 수학을 주장합니다. '노크'야말로 새로운 수학 학습의 길을 보여주는 방향타가 될 것입니다.

한 현 조

똑!똑! 사고력 수학
노크의 구성

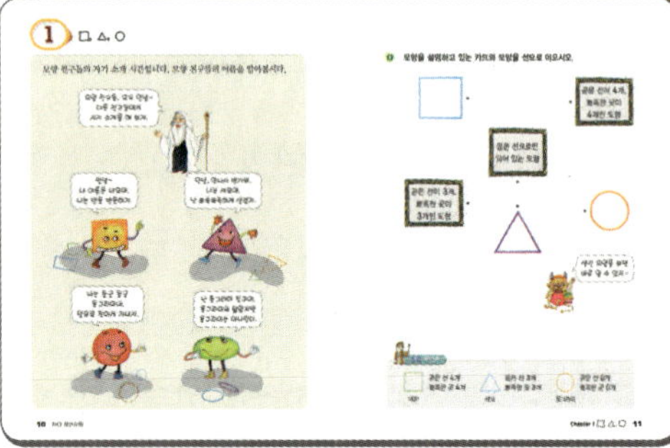

시작 : 생각열기

사고력 수학 주제에 맞는 수학적 상황, 수학사, 생활 속 수학 이야기 등의 자유로운 형식으로 흥미를 유발하고, 수학적 사고를 자극하는 주제별 프롤로그

노크 포인트

문제 해결의 핵심적 원리를 '콕!' 집어서 간결하게 요약한 사고력 수학 주제별 포인트

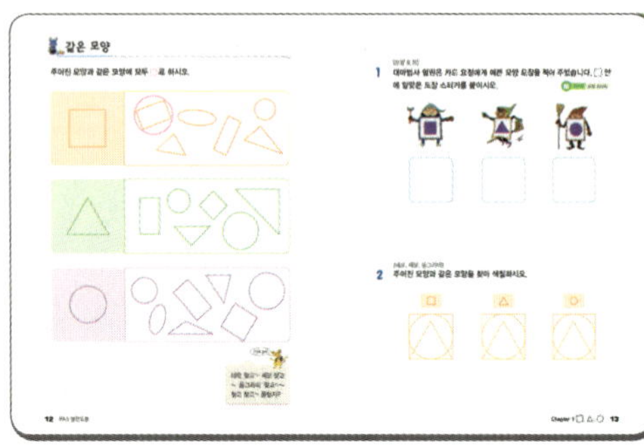

전개 : 유형 탐구

사고력 수학의 대표 유형을 노크만의 새로운 방법으로 차근차근 한 단계씩 익히고 해결하는 단계적 유형 탐구와 이를 통해 익힌 방법적 원리를 적용, 확장하는 확인 문항

수학 요정들의 친절한 충고와 꼬마 요괴들의 밉살스럽지만 유용한 조언으로 어려운 발전 문항의 해결을 돕는 문제 해결 도우미 박스

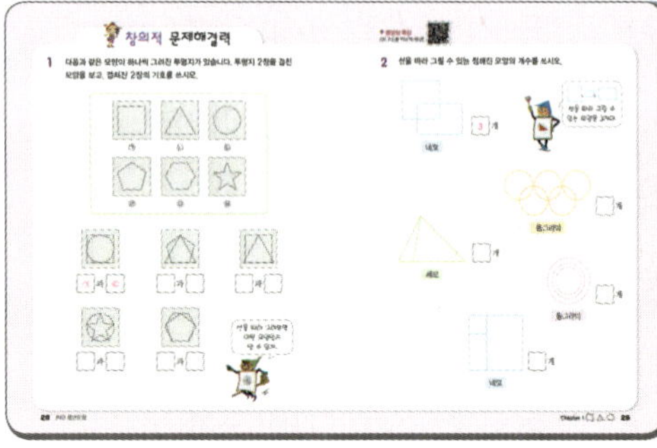

발전 : 창의적 문제해결력

3개의 사고력 수학 주제를 갈무리하는, 한 차원 높은 창의력과 복합적인 사고력을 요구하는 발전 문항의 끝판왕

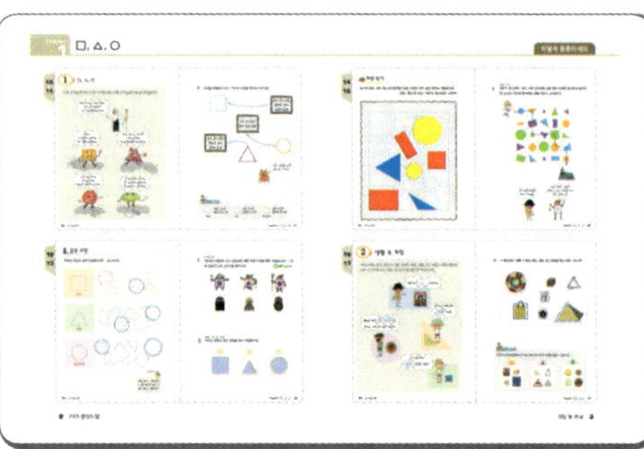

마무리 : 정답 및 해설

본문에 그대로 첨삭된 정답과 간략한 풀이 과정을 통한 사고력 수학 활동 피드백으로 마무리

노크
캐릭터 소개

지식을 되찾기 위해 노크랜드로 떠난 모험가 친구들

태돌
추진력 대장

현우
끈기 도령

티나
치밀한 전략가

큐리
호기심 해결사

마법사 멀린과 수학 요정

마법사 멀린

노크랜드의 지식의 수호자. 지식을 파괴하려는 대마왕의 음모에 맞서 모험을 떠난 친구들의 든든한 조력자.

아르키메데스 페르마 플라톤

파스칼 피타고라스 가우스

유클리드 오일러

대마왕과 꼬마 요괴

대마왕

노크랜드의 지식의 파괴자. 세계를 차지하기 위해 모든 지식을 없애버리려고 하는 요괴들의 두목.

딴소리 한입 장난 잘난척

딴짓 멍하니 잠만자 대충이

산만해 울보 거꾸로 뛰어

이 책의
차 례

Chapter 1

□, △, ○

Chapter 2

부분과 전체

□, △, ○

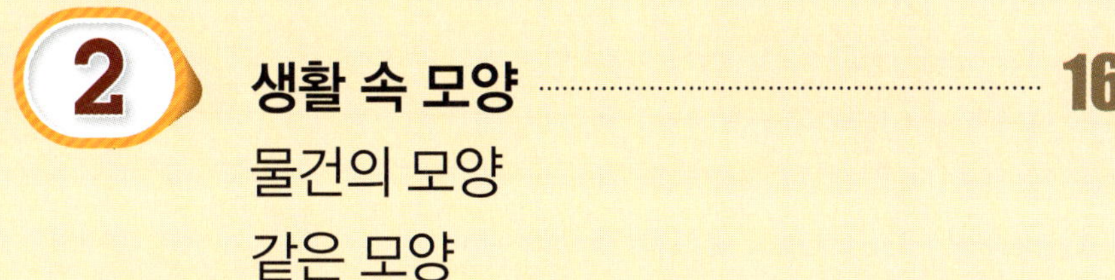

1 □, △, ○

모양 친구들의 자기 소개 시간입니다. 모양 친구들의 이름을 알아봅시다.

모양을 설명하고 있는 카드와 모양을 선으로 이으시오.

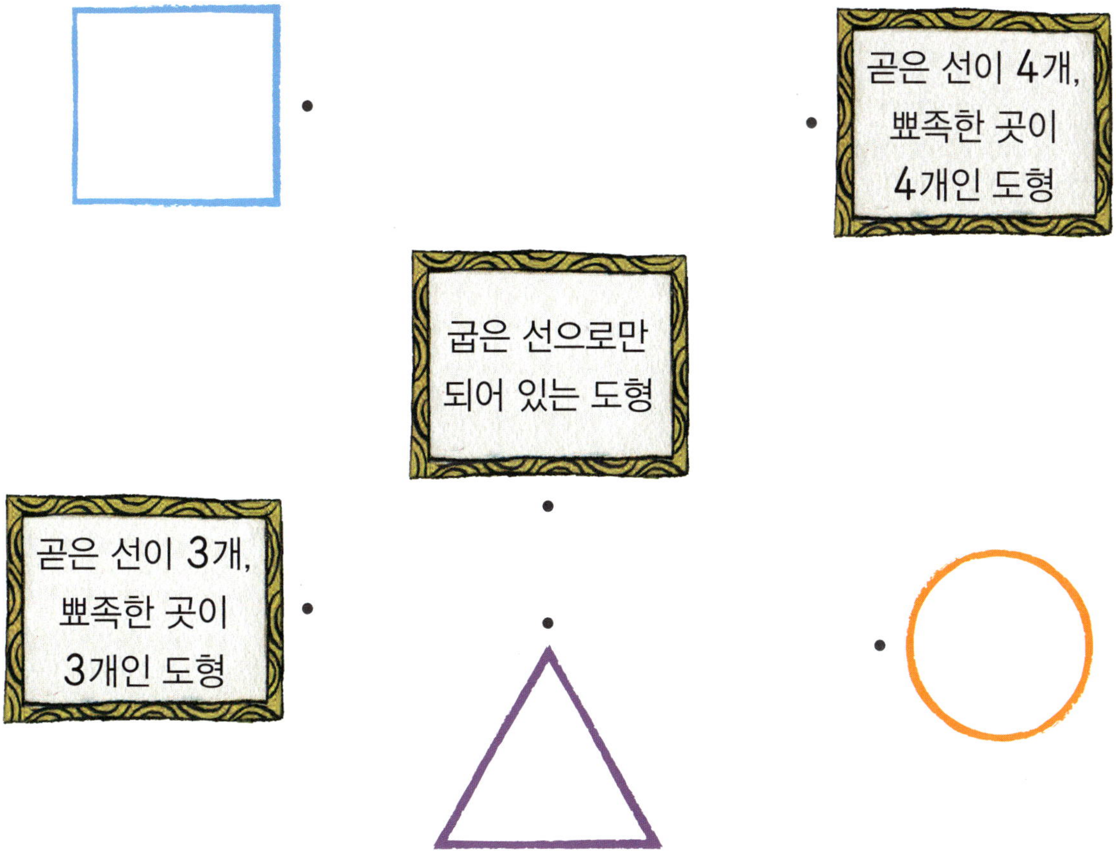

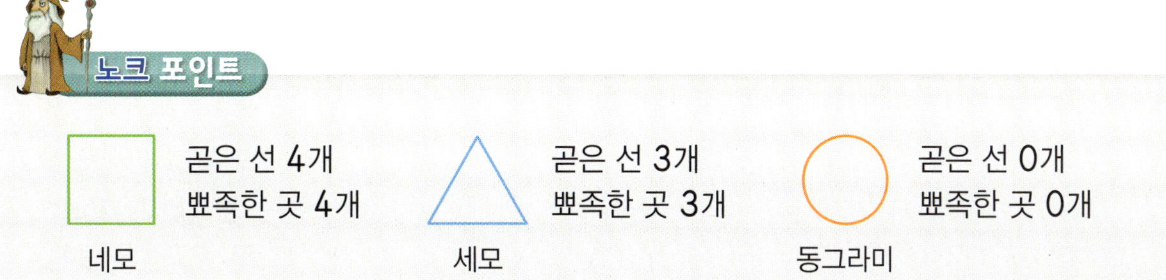

노크 포인트

곧은 선 4개
뽀족한 곳 4개
네모

곧은 선 3개
뽀족한 곳 3개
세모

곧은 선 0개
뽀족한 곳 0개
동그라미

같은 모양

주어진 모양과 같은 모양에 모두 ◯표 하시오.

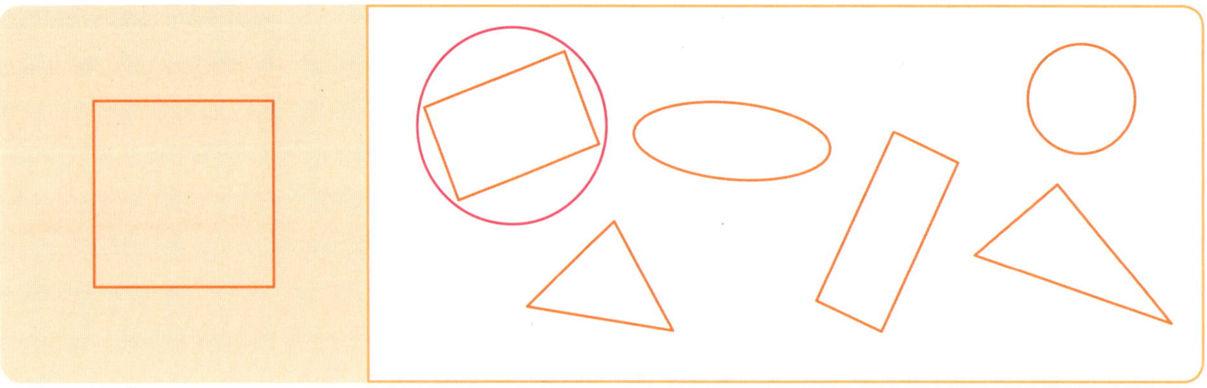

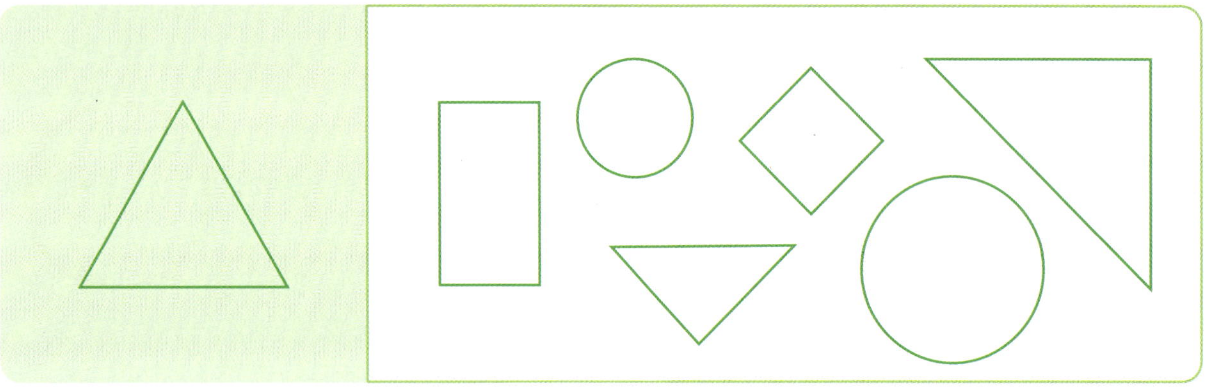

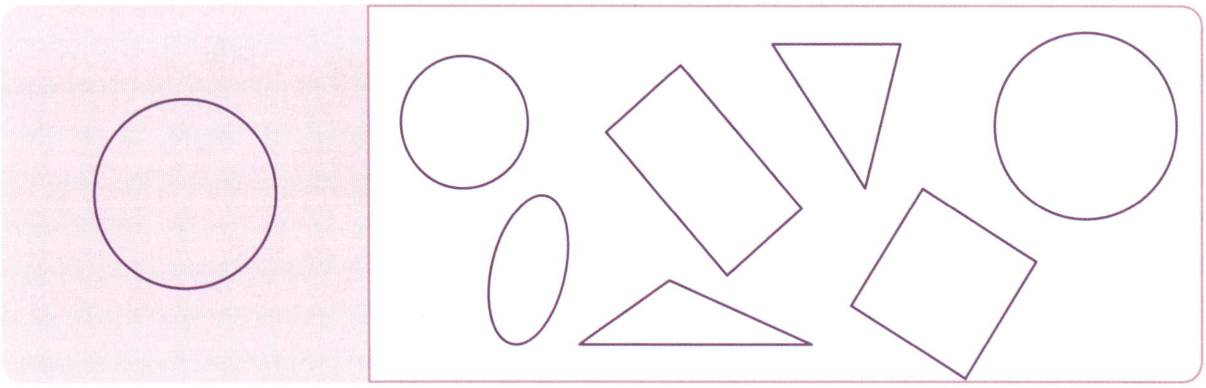

1 대마법사 멀린은 카드 요정에게 예쁜 모양 도장을 찍어 주었습니다. ☐ 안에 알맞은 도장 스티커를 붙이시오.

준비물 도장 스티커

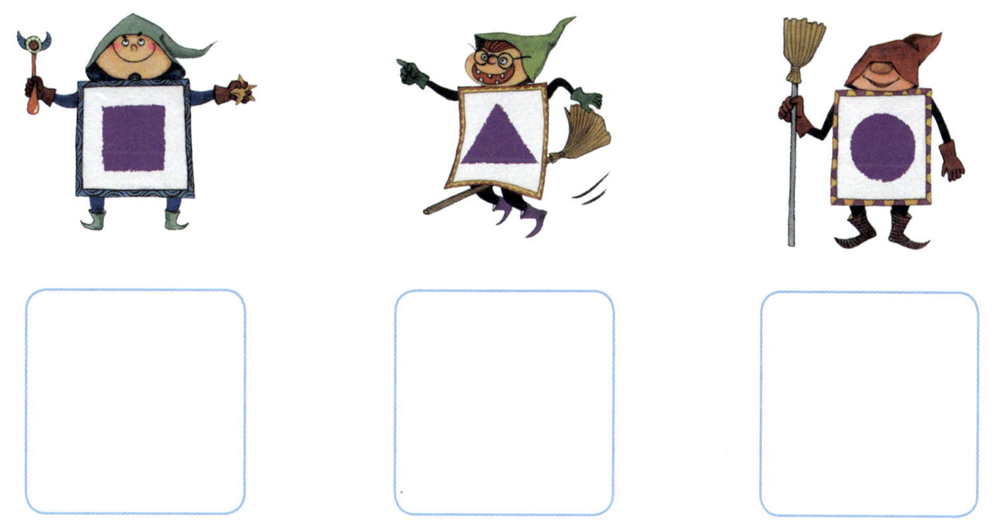

2 주어진 모양과 같은 모양을 찾아 색칠하시오.

모양 찾기

숨겨진 네모, 세모, 동그라미를 찾아 같은 모양은 모두 같은 색으로 색칠하시오.

(네모: 빨간색, 세모: 파란색, 동그라미: 노란색)

1 현우가 동그라미, 세모, 네모 순서대로 길을 찾아 미로를 통과하여 놀이터
에 갑니다. 미로를 통과하는 길을 선으로 나타내시오.

2 생활 속 모양

티나, 태돌, 큐리, 현우가 생활 속에서 네모, 세모, 동그라미 모양을 찾았습니다. ☐ 안에 네모, 세모, 동그라미를 알맞게 써넣으시오.

각 물건에서 찾을 수 있는 네모, 세모, 동그라미를 물건 위에 그리시오.

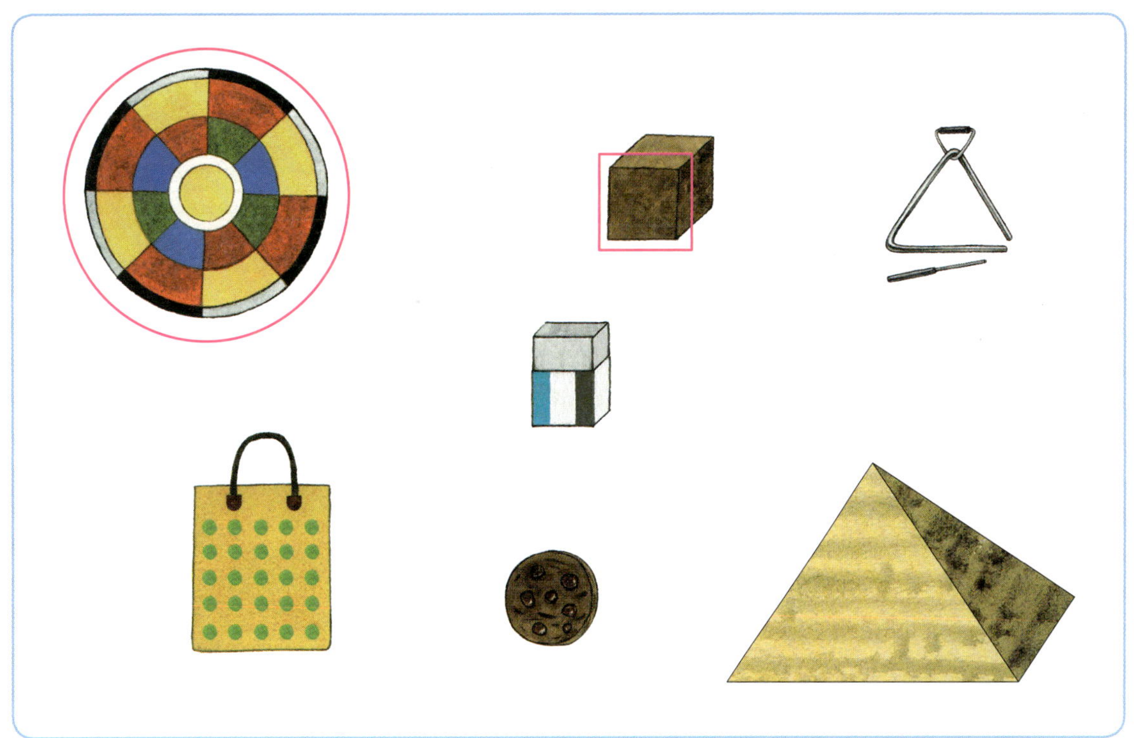

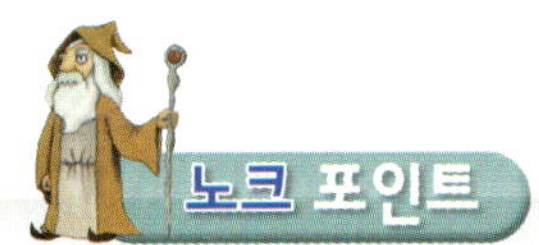

우리 주변의 물건들에서 네모, 세모, 동그라미 모양을 찾을 수 있습니다.

물건의 모양

주어진 물건 스티커를 물건에서 찾을 수 있는 모양 위에 붙이시오.

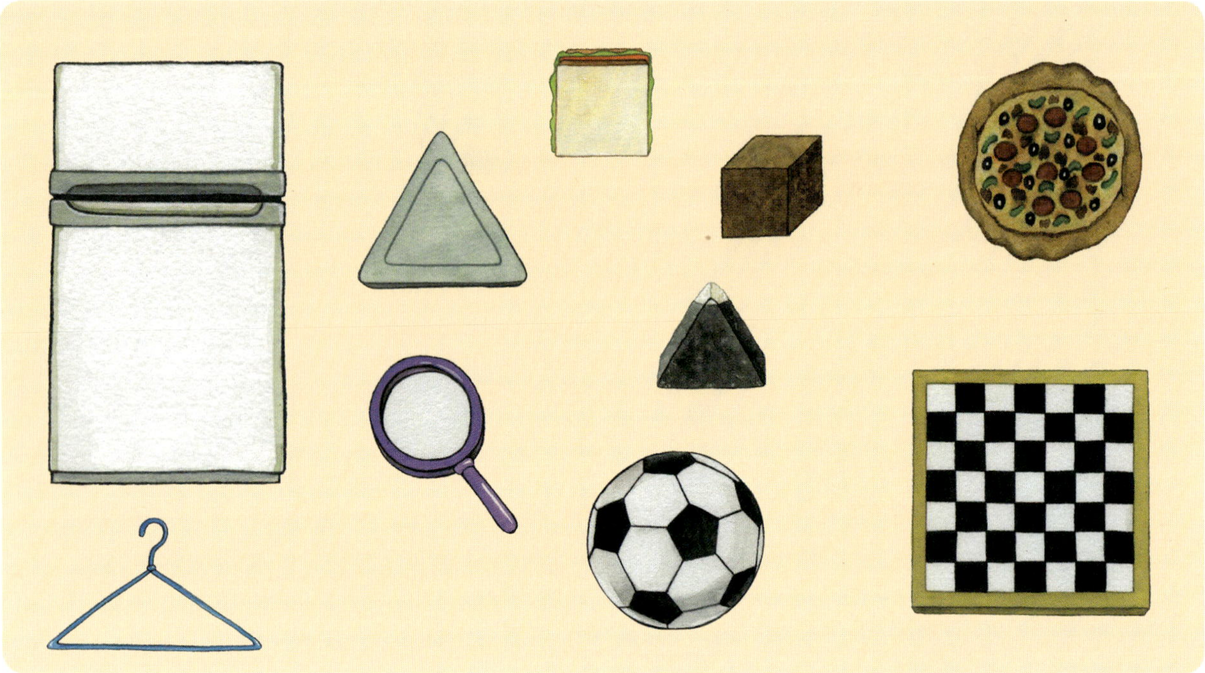

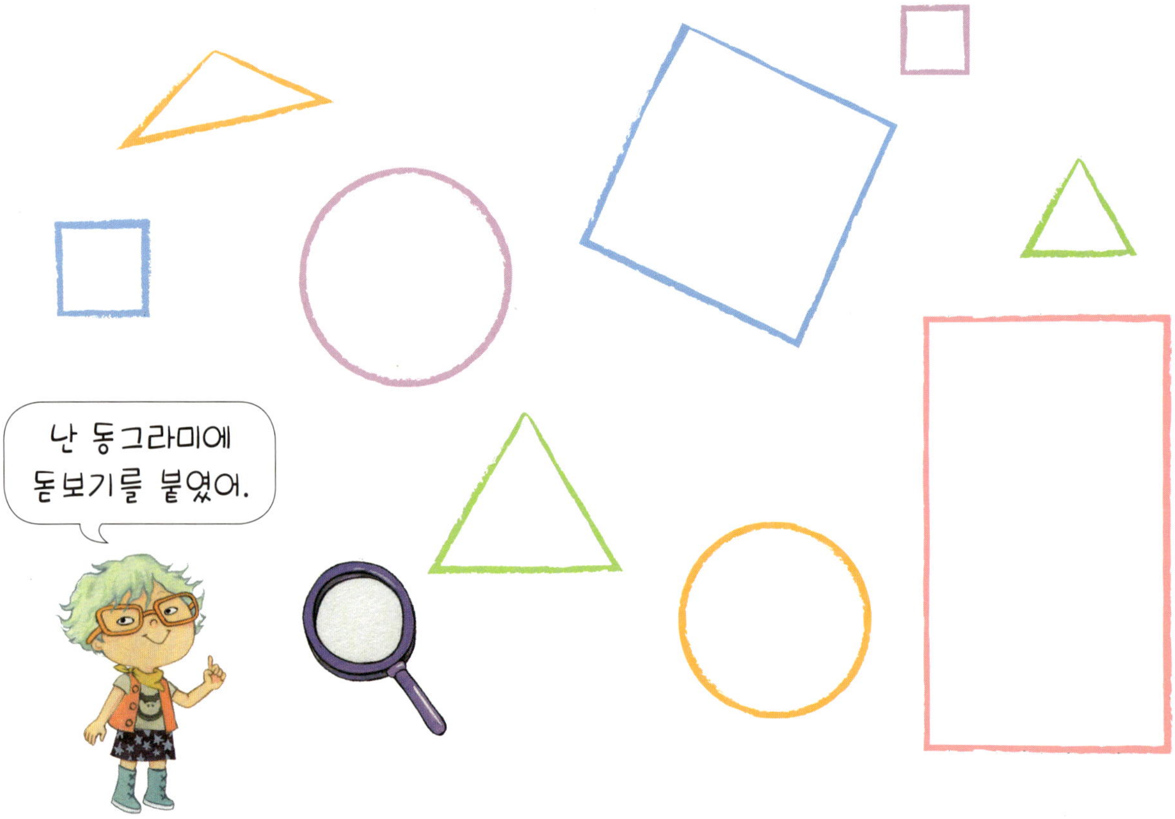

1 다른 모양 하나를 찾아 ✕표 하시오.

 # 같은 모양

같은 모양을 찾을 수 있는 것끼리 선으로 이으시오.

1 같은 모양을 찾을 수 있는 것끼리 3개씩 묶으시오.

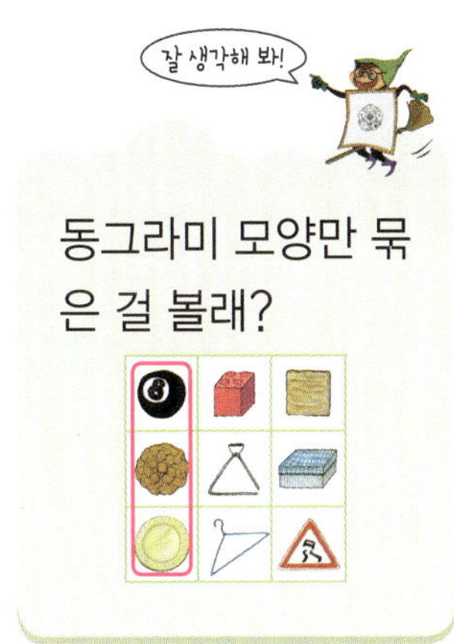

2 다음 모양을 보고 생각나는 것 2가지를 각각 쓰시오.

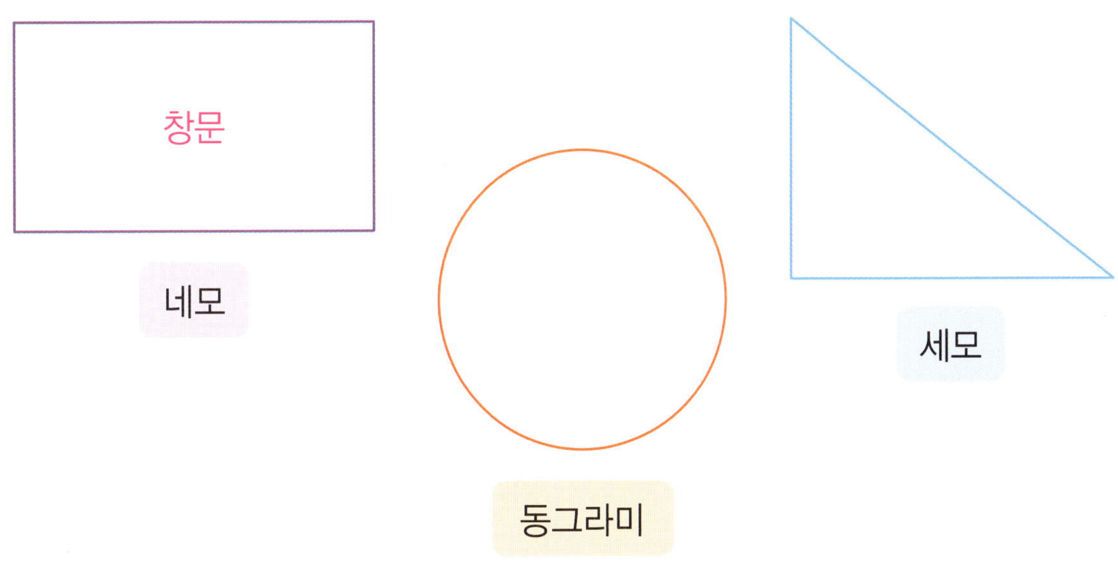

3 모양 그림

큐리는 오빠 아인이와 함께 네모, 세모, 동그라미를 사용하여 재미있는 그림을 그리고 있습니다. 네모, 세모, 동그라미를 사용하여 그림을 완성하시오.

 네모, 세모, 동그라미 모양의 수를 각각 구하시오.

기사

네모: ☐ 개

세모: ☐ 개

동그라미: ☐ 개

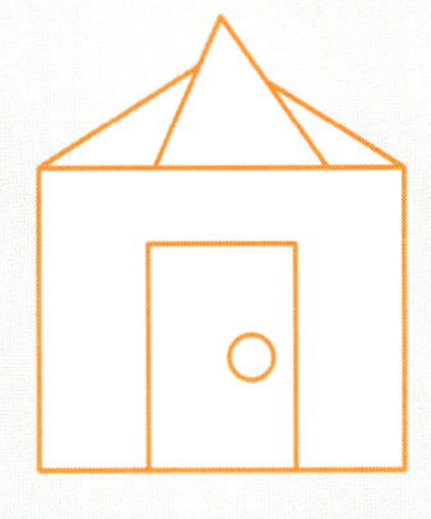
노크 포인트

모양에서 사용된 네모, 세모, 동그라미의 수를 셀 수 있습니다.

네모 2개
세모 3개
동그라미 1개

모양 조각

다음은 네모, 세모, 동그라미 모양을 사용하여 만든 모양입니다. 각 자리에 알맞은 모양 스티커를 붙이시오.

준비물 모양 스티커

1 티나는 왼쪽의 자동차 모양을 세모, 네모, 동그라미 조각을 사용하여 만들고 있습니다. 부족한 모양 조각을 모두 찾아 ◯표 하시오.

2 다음은 주어진 조각 중 4개의 조각을 사용하여 만든 모양입니다. 필요없는 조각에 ✕표 하시오.

모양 설명

태돌, 티나, 현우, 큐리의 설명에 맞게 알맞은 모양의 스티커를 붙이시오.

준비물 물건 스티커

동그라미 둘레에
세모를 여러 개 붙여서
만든 모양이야.

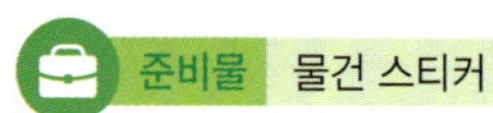

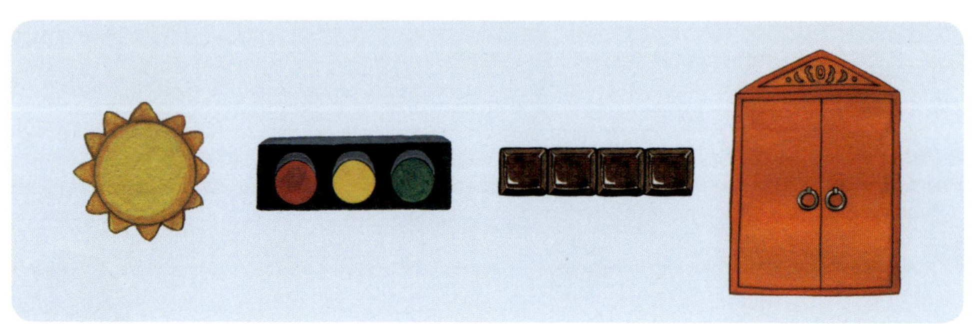

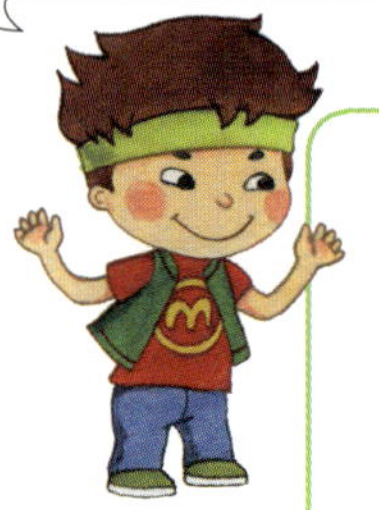

태돌

네모 4개를
옆으로 나란히
붙여 놓은 거야.

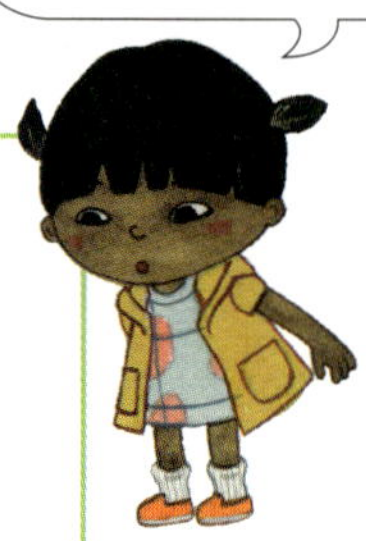

티나

네모 안에
동그라미 3개가
나란히 있어.

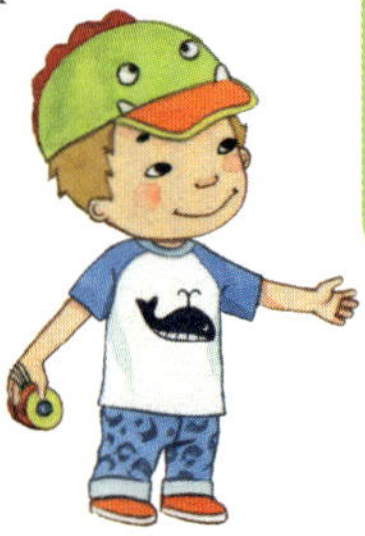

현우

네모 위에
세모가 있는
모양이야.

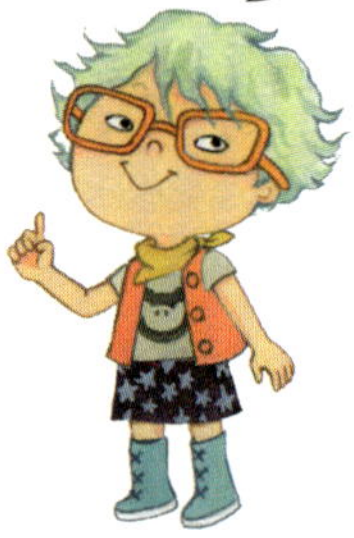

큐리

1 보기 와 같이 네모, 세모, 동그라미를 사용하여 설명하는 그림을 그리시오.

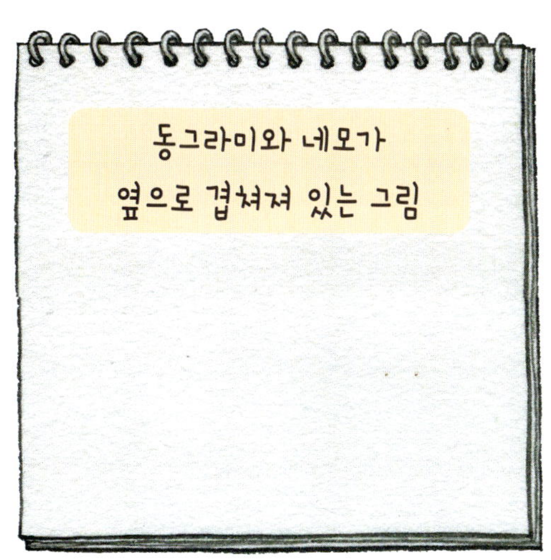

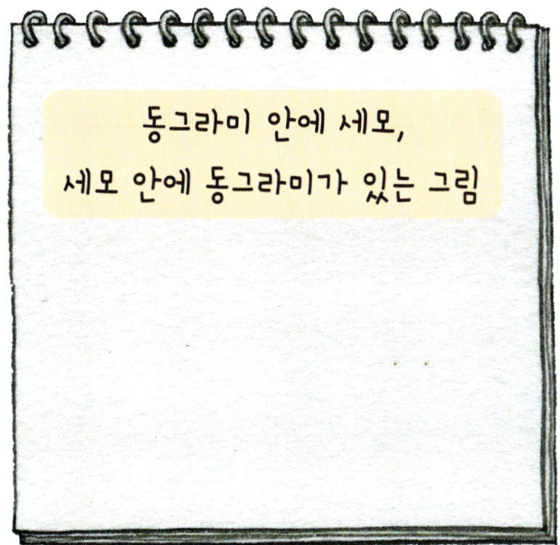

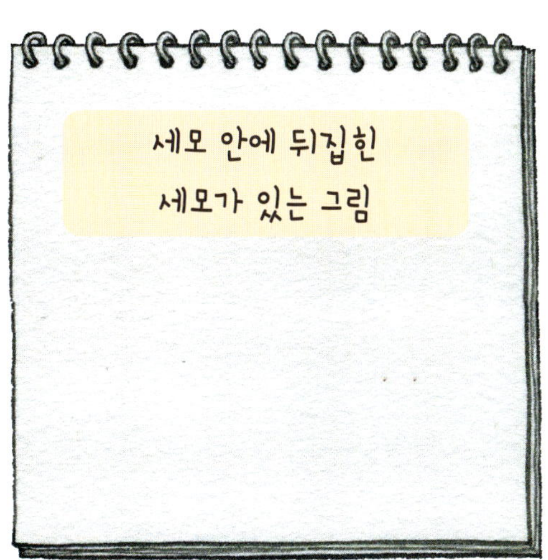

창의적 문제해결력

1 다음과 같은 모양이 하나씩 그려진 투명지가 있습니다. 투명지 2장을 겹친 모양을 보고, 겹쳐진 2장의 기호를 쓰시오.

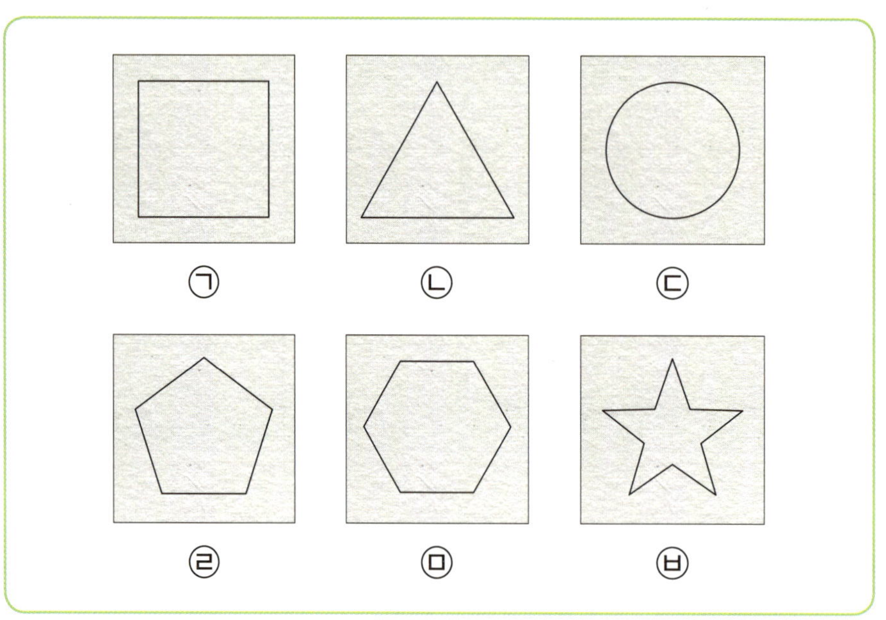

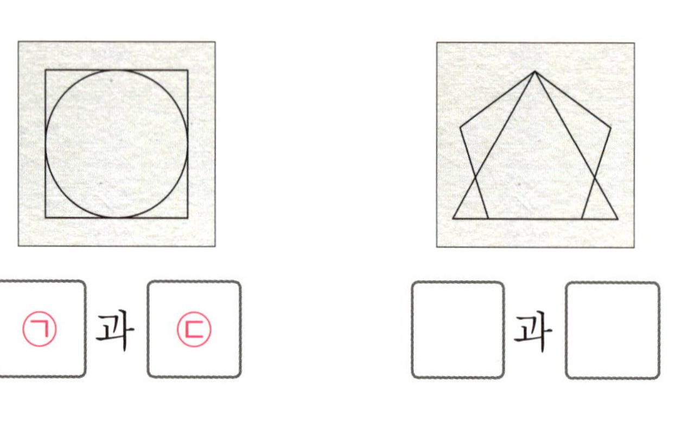

⊙ 과 ⓒ

□ 과 □

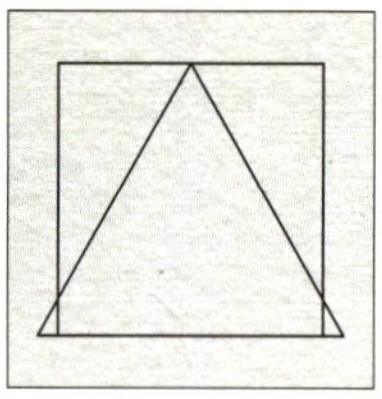

□ 과 □

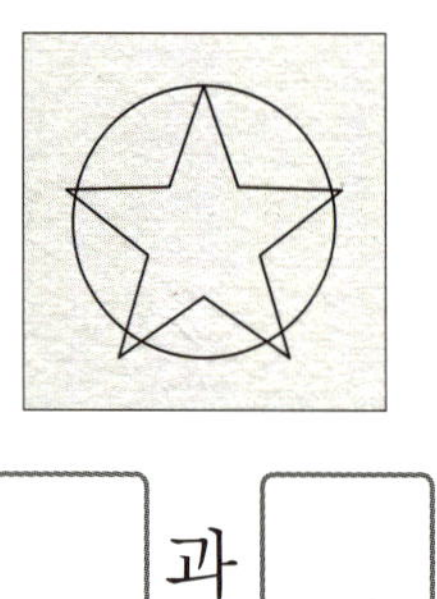

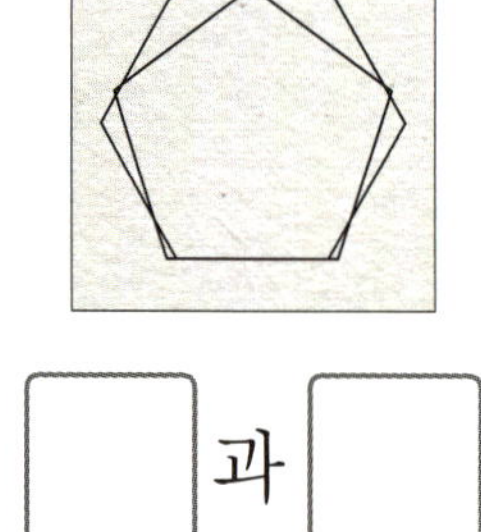

□ 과 □

□ 과 □

2 선을 따라 그릴 수 있는 정해진 모양의 개수를 쓰시오.

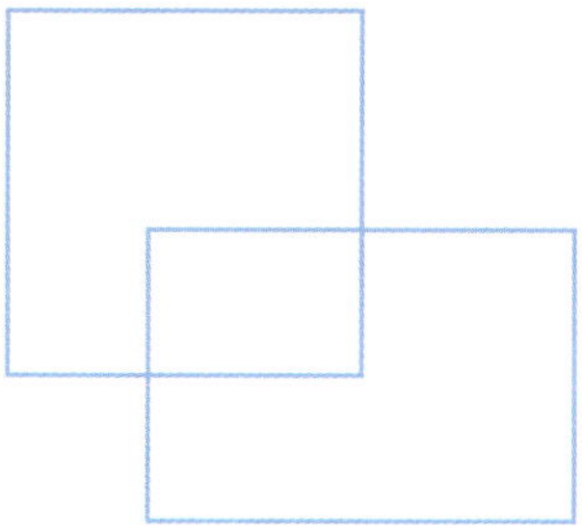

[3] 개

네모

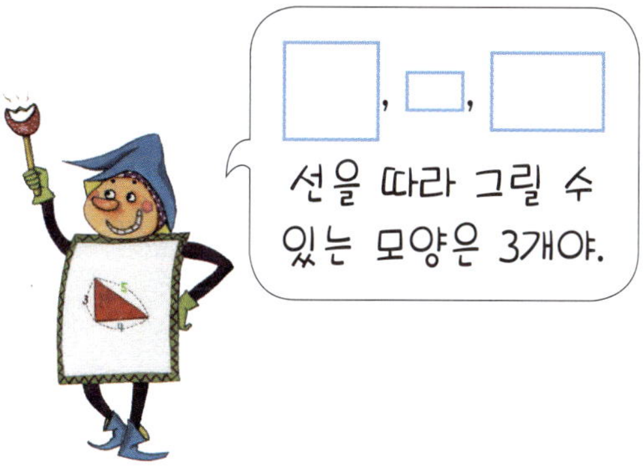

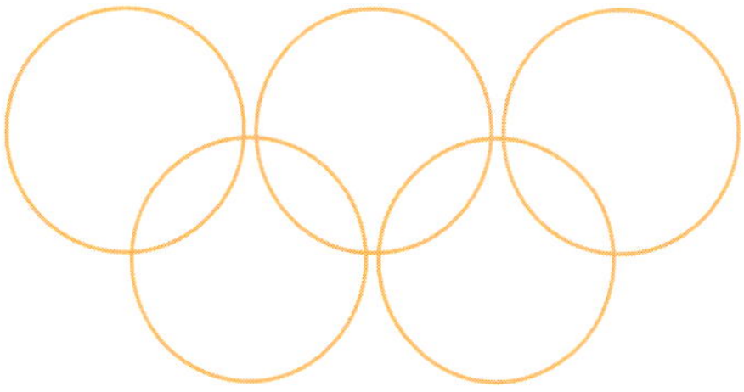

[ ] 개

동그라미

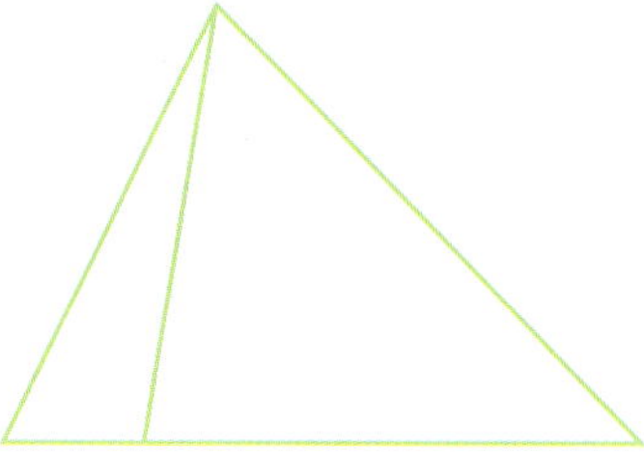

[ ] 개

세모

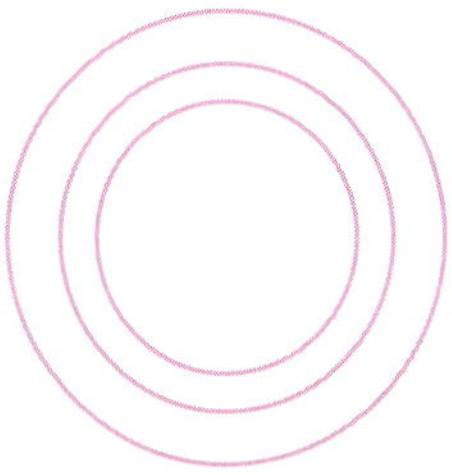

[ ] 개

동그라미

[ ] 개

네모

부분과 전체

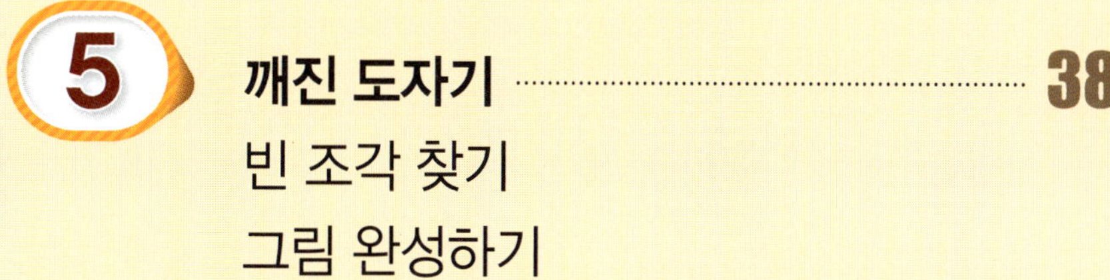

4 색종이 자르기

티나는 선을 따라 색종이를 자른 다음 자른 조각을 늘어놓았습니다.

준비물 네모 색종이

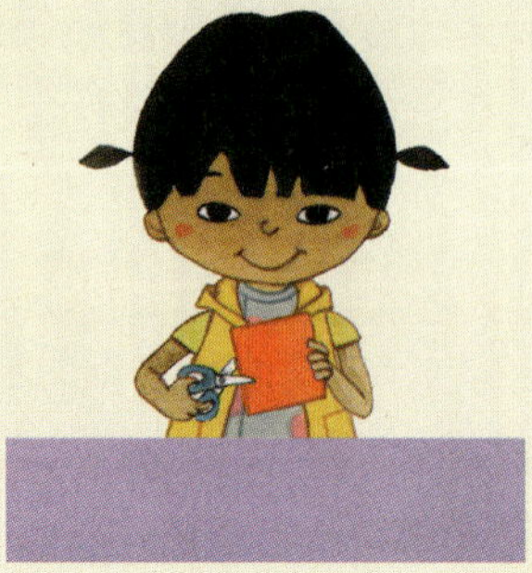

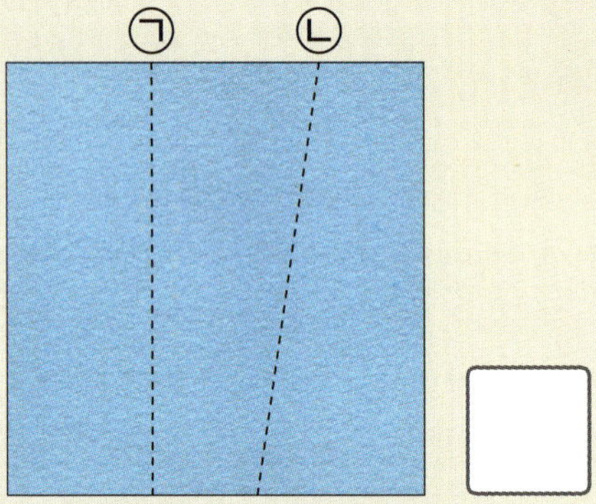

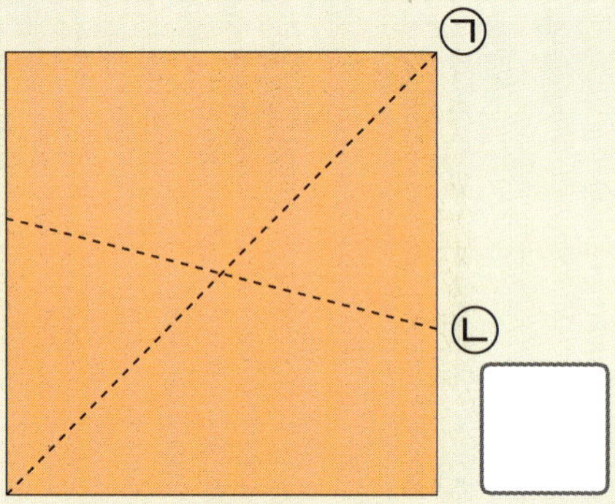

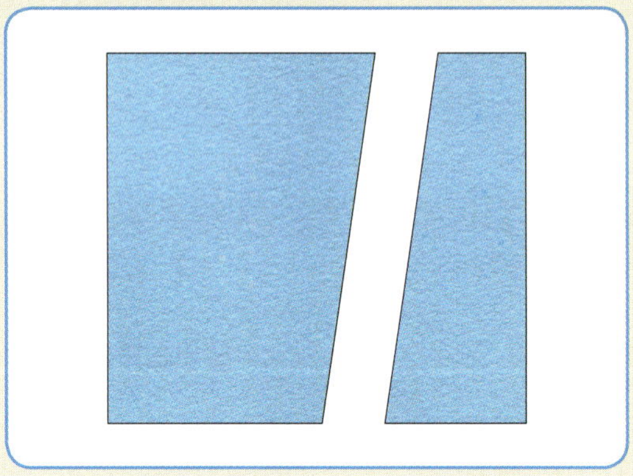

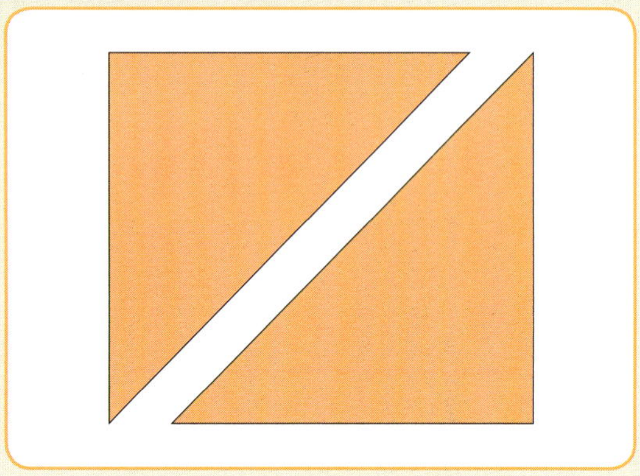

각 색종이에서 자른 선의 기호를 쓰시오.

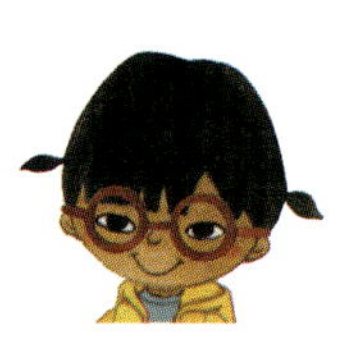

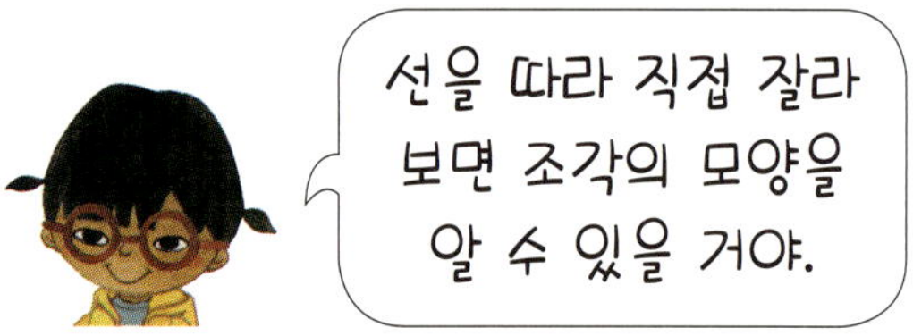

선을 따라 색종이를 잘랐을 때 나오는 조각을 모두 찾아 ◯표 하시오.

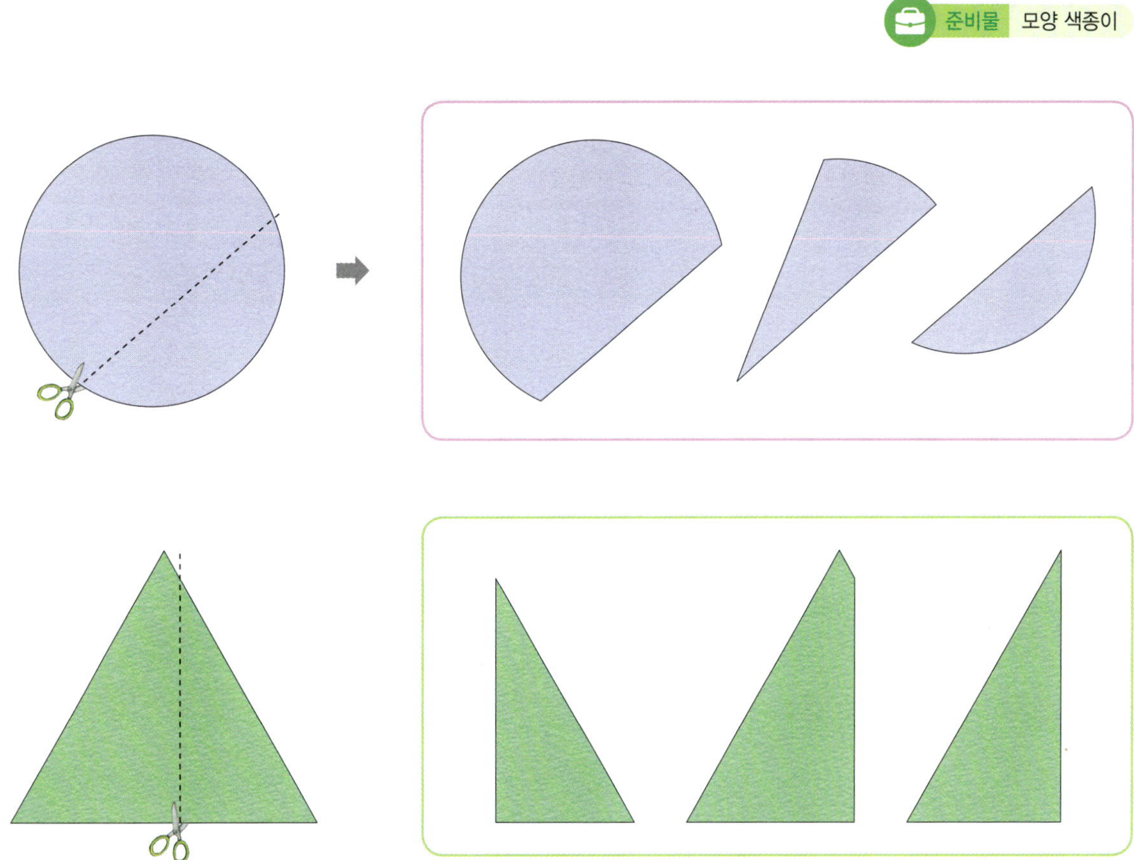

노크 포인트

나누어진 **2**개의 조각을 이어 붙여 하나의 모양을 만들 수 있습니다.

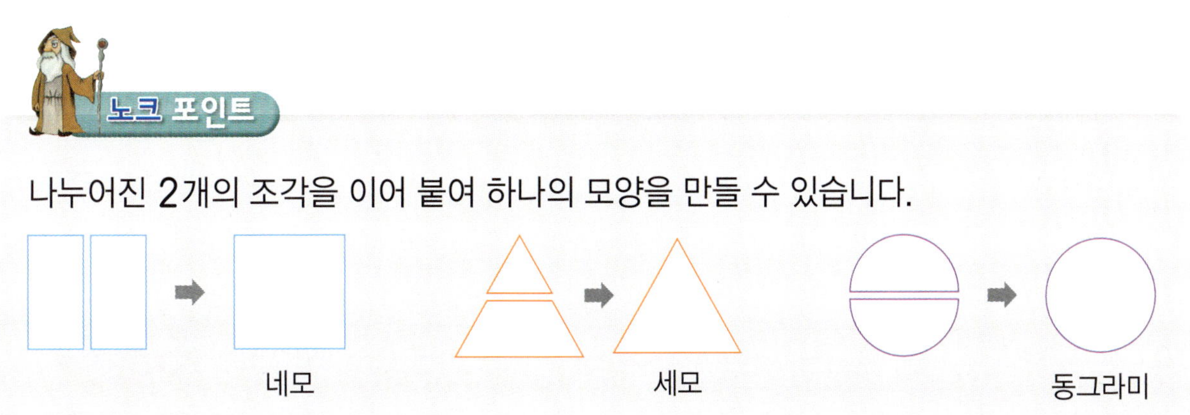

조각 짝짓기

네모, 세모, 동그라미의 일부가 없습니다. 다음 중 알맞은 모양 조각을 찾아 다음
모양을 완성하시오.

준비물 모양 조각 스티커

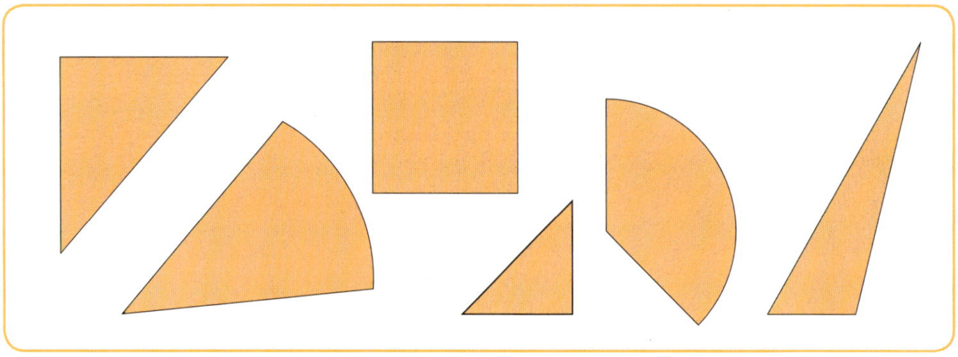

1 이어 붙여 네모가 되는 모양 조각들은 빨간색, 세모가 되는 모양 조각들은 파란색, 동그라미가 되는 모양 조각들은 노란색으로 색칠하시오.

조각 맞추기

주어진 모양 조각을 모두 사용하여 다음 모양을 만들어 보시오. 

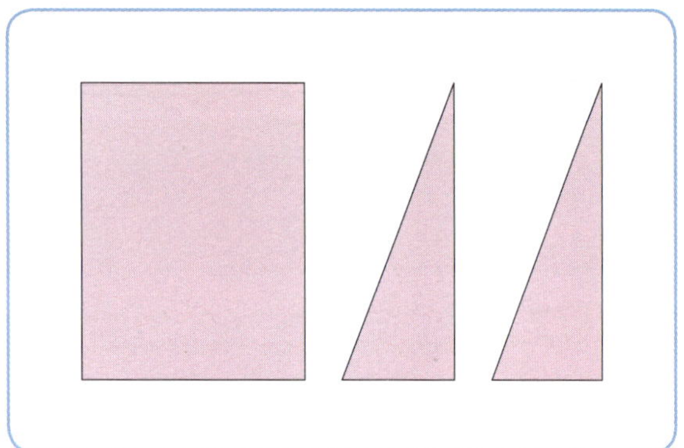

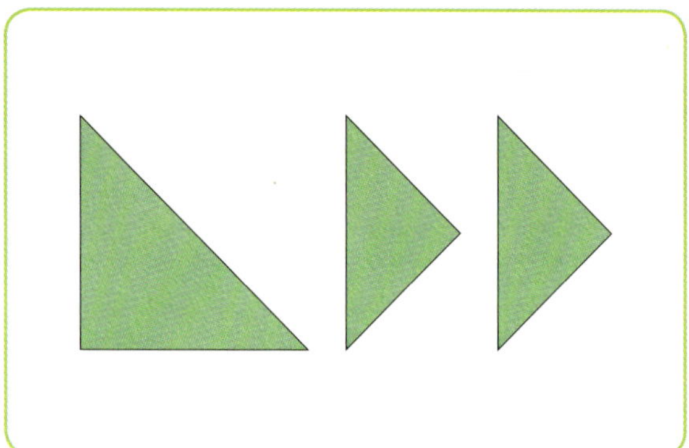

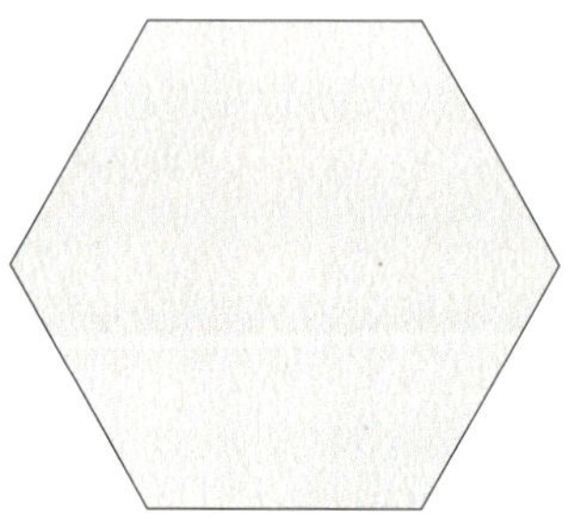

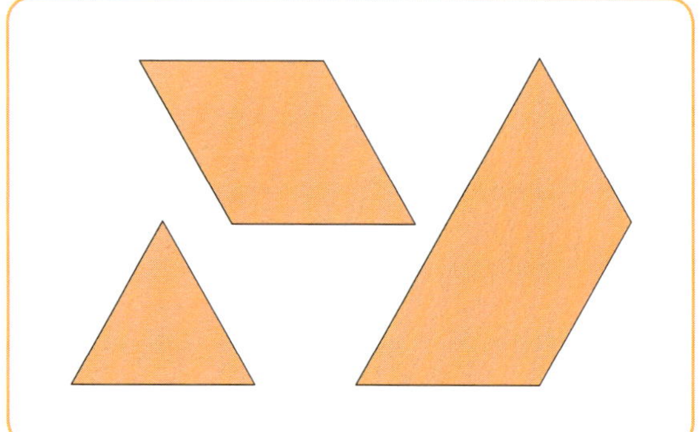

1 주어진 모양을 만드는 데 필요없는 조각을 찾아 ✕표 하시오.

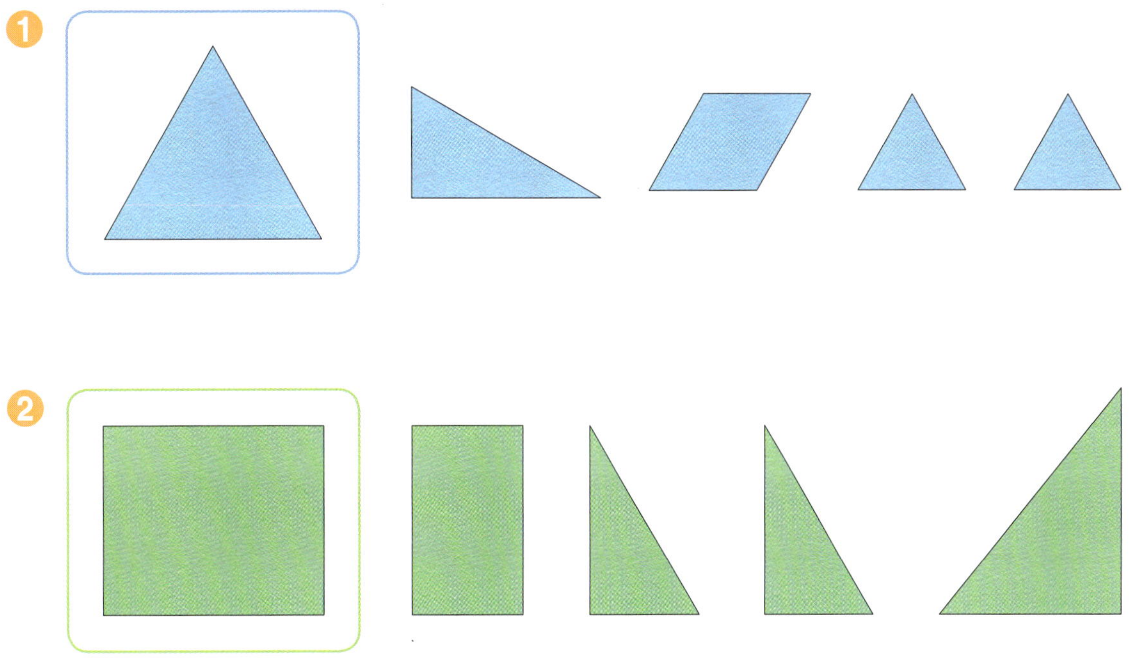

2 다음 모양 조각을 모두 사용하여 만든 모양의 기호를 쓰시오.

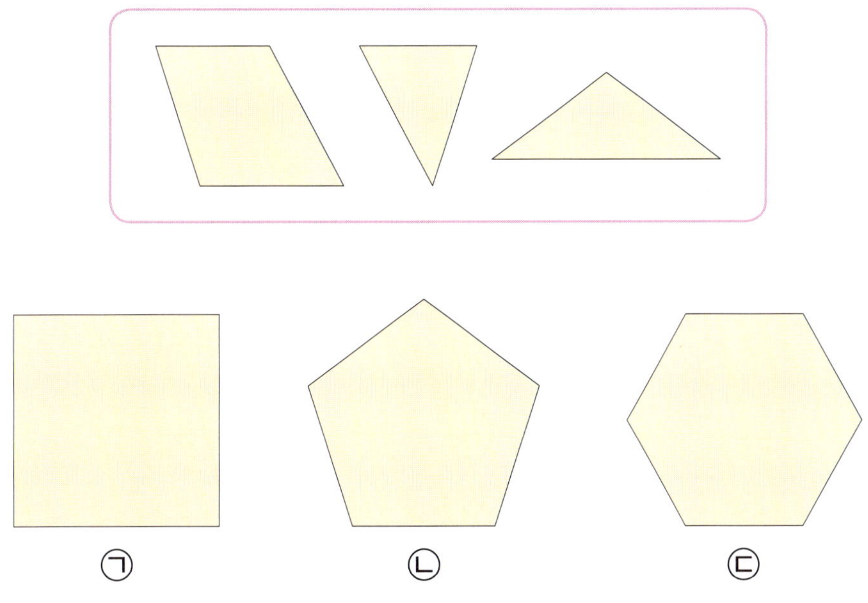

깨진 도자기

꼬마 요괴들이 대마왕이 아끼는 꽃병을 깼습니다. 깨진 꽃병 조각의 모양을 보고 □ 안에 꽃병을 깬 꼬마 요괴의 이름을 쓰시오.

요괴

요괴

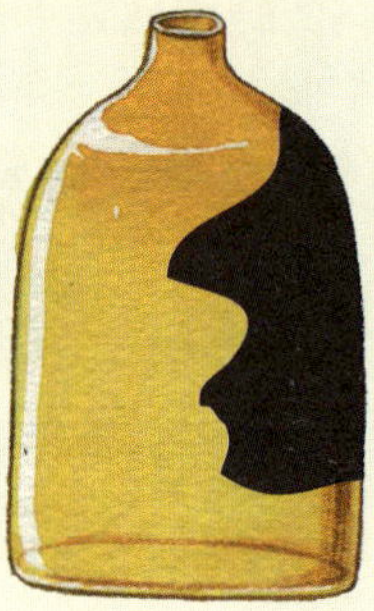

요괴

요괴

산만해 요괴

멍하니 요괴

장난 요괴

울보 요괴

도자기의 깨진 조각의 위치를 찾아 ☐ 안에 알맞은 기호를 써넣으시오.

노크 포인트

그림의 빈 곳에 어떤 그림이 들어가야 하는지 예상해보면 좀 더 쉽게 빈 곳의 조각을 찾을 수 있습니다.

빈 조각 찾기

고래 퍼즐의 빈 곳에 들어갈 조각의 기호를 알아봅시다.

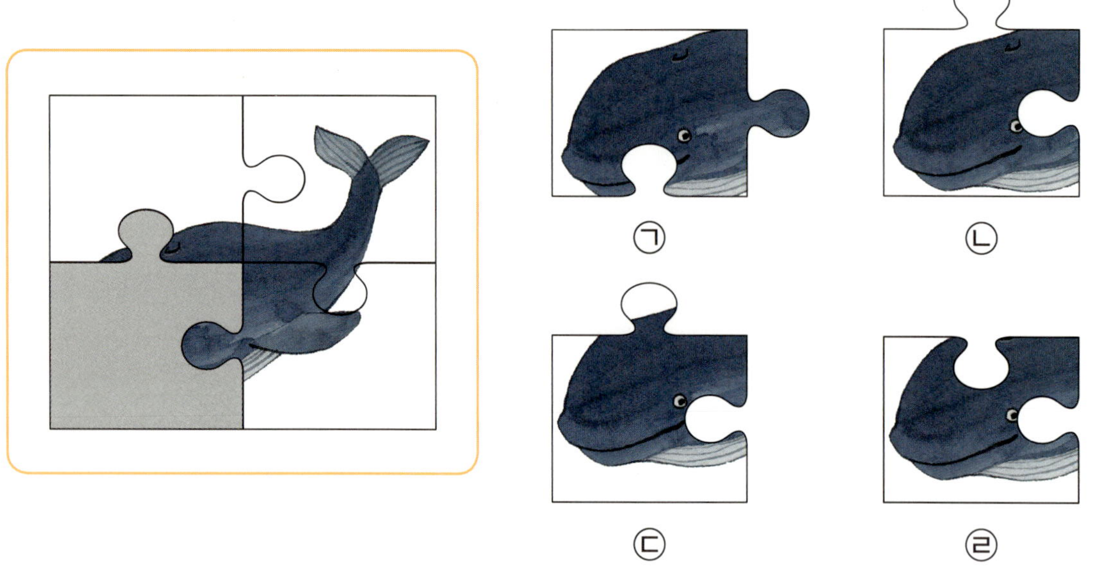

❶ 오른쪽은 퍼즐의 빈 곳에 들어갈 조각의 모양입니다.
㉠, ㉡, ㉢, ㉣ 중 오른쪽 조각과 모양이 같은 것을 모
두 고르시오.

❷ ❶에서 찾은 조각 중 퍼즐의 빈 곳에 넣었을 때 그림이 완성되는 조각의 기
호를 쓰시오.

1 쿠키 퍼즐의 빈 곳에 알맞은 조각 스티커를 붙여 퍼즐을 완성하시오.

2 다음 퍼즐 조각은 어느 퍼즐의 일부분인지 찾아 기호를 쓰시오.

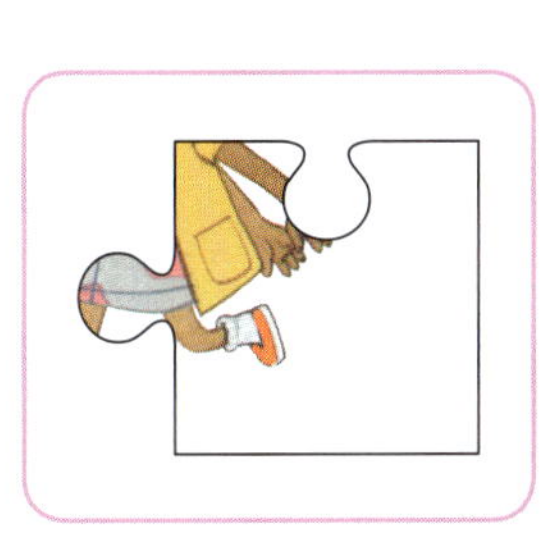

㉠

㉡

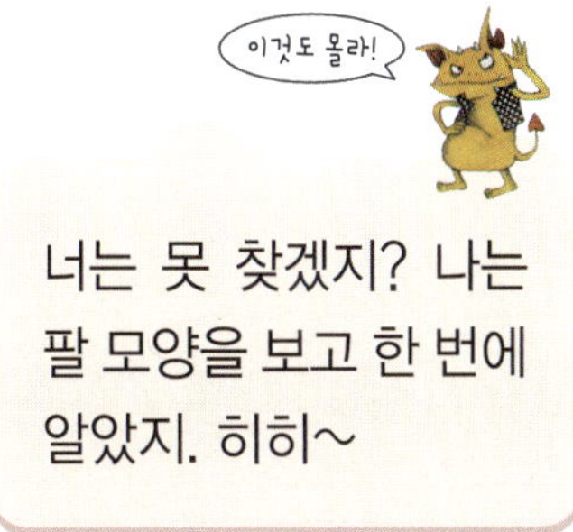

그림 완성하기

알맞은 스티커를 붙여서 다음 그림을 완성하시오.

❶ 조각 스티커 중 구름의 일부가 있는 스티커를 ⑩, 지붕의 일부가 있는 스티커를 ©에 붙이시오.

❷ 잔디와 물 뿌리개의 일부가 있는 스티커를 ②, 하늘과 케이크의 일부가 있는 스티커를 ㉠, 남은 스티커를 ㉡에 붙이시오.

1 멍하니 요괴가 다음 그림의 일부를 지워버렸습니다. 그림의 빈 곳에 들어갈 모양을 고르시오.

2 빈 곳과 관계있는 조각을 알맞게 짝지으시오.

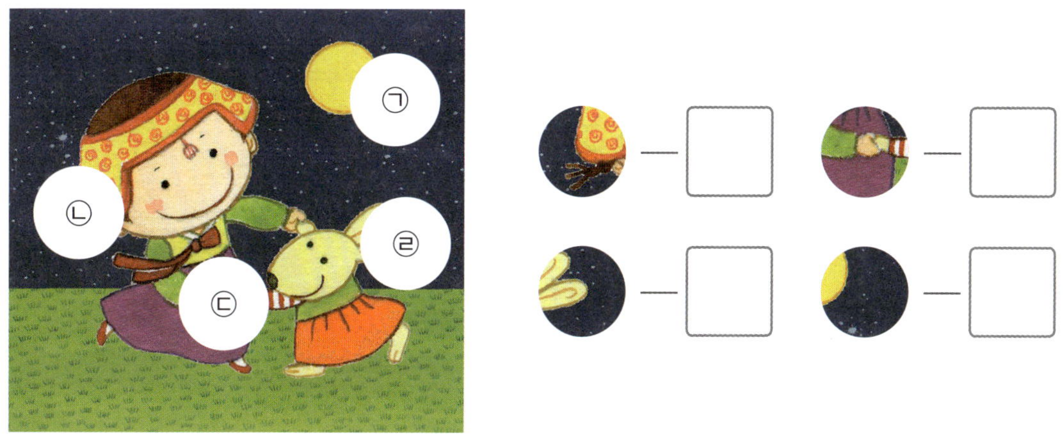

원하는 모양 찾기

큐리의 오빠 아인이가 여러 모양의 자동차를 그렸습니다.

다음 중 아인이가 그리지 않은 자동차에 ✕표 하시오.

다음 그림에서 찾을 수 있는 물건이나 음식을 모두 찾아 ◯표 하시오.

노크 포인트

① 여러 개의 사물이 섞여 있는 그림에서 원하는 사물을 찾고자 할 때는 우선 찾아야 하는 사물의 특징(모양, 색깔, 무늬 등)을 자세히 관찰한 다음 찾기 시작합니다.

② 여러 종류의 사물이 섞여 있을 때 같은 종류의 사물에는 모두 같은 표시를 하여 나타내면 빠르고 정확하게 사물의 종류를 알 수 있습니다.

없는 것 찾기

큐리의 생일날 오빠 아인이는 식탁 위에 있는 여러 음식들을 사진으로 찍었습니다. 다음 중 이 식탁을 찍은 사진이 아닌 것의 기호를 쓰시오.

1 현우네 방에 늘어놓은 장난감을 정리하려고 합니다. 각 상자에 장난감을 넣어 정리할 때 현우에게 없는 장난감이 들어간 상자를 찾아 ✕표 하시오.

하늘에 여러 마리의 새들이 날고 있습니다. 모두 몇 종류의 새가 날고 있습니까?

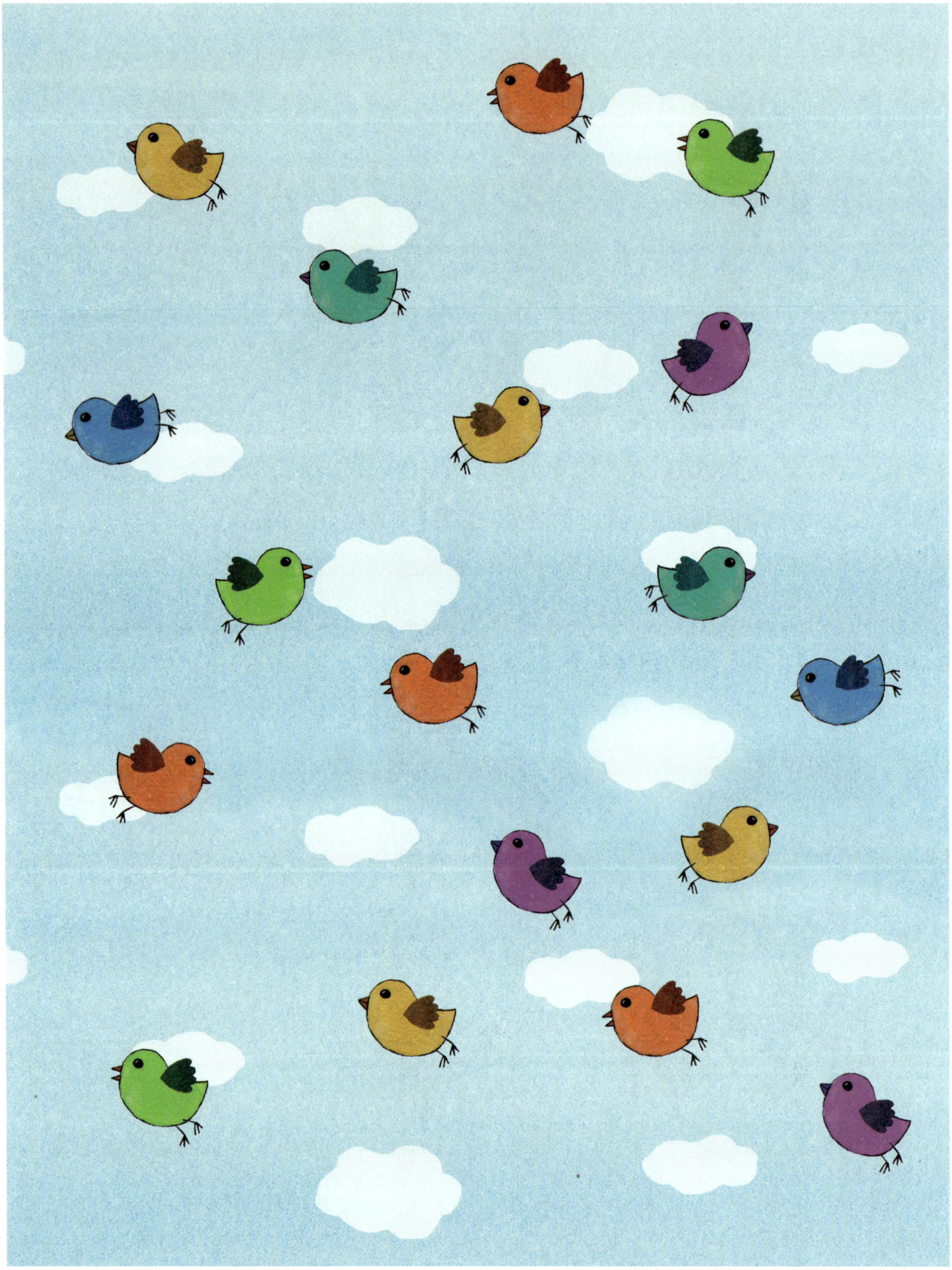

1 다음은 화살을 여러 방향으로 놓은 것입니다. 그림에서 찾을 수 없는 화살 방향을 찾아 기호를 쓰시오.

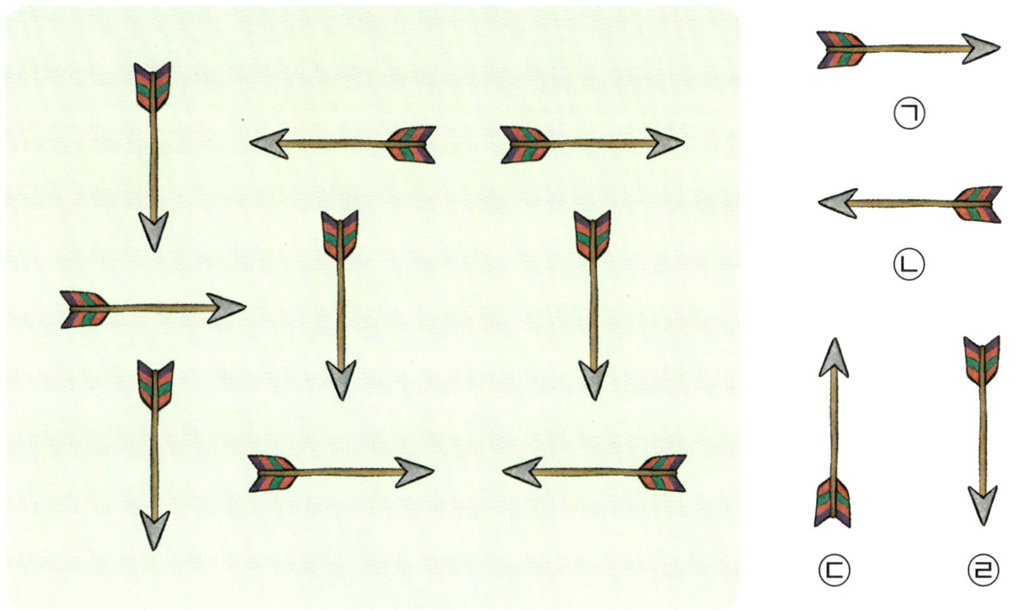

2 대마법사 멀린의 보물상자에 들어있는 보물 중 금화만 꺼내어 놓은 것입니다. 모두 몇 종류의 금화가 들어 있습니까?

1 다음 중 2개을 이어 붙여 하나의 모양을 만들 수 있는 조각의 기호를 짝을 지어 쓰시오.

준비물 모양 조각

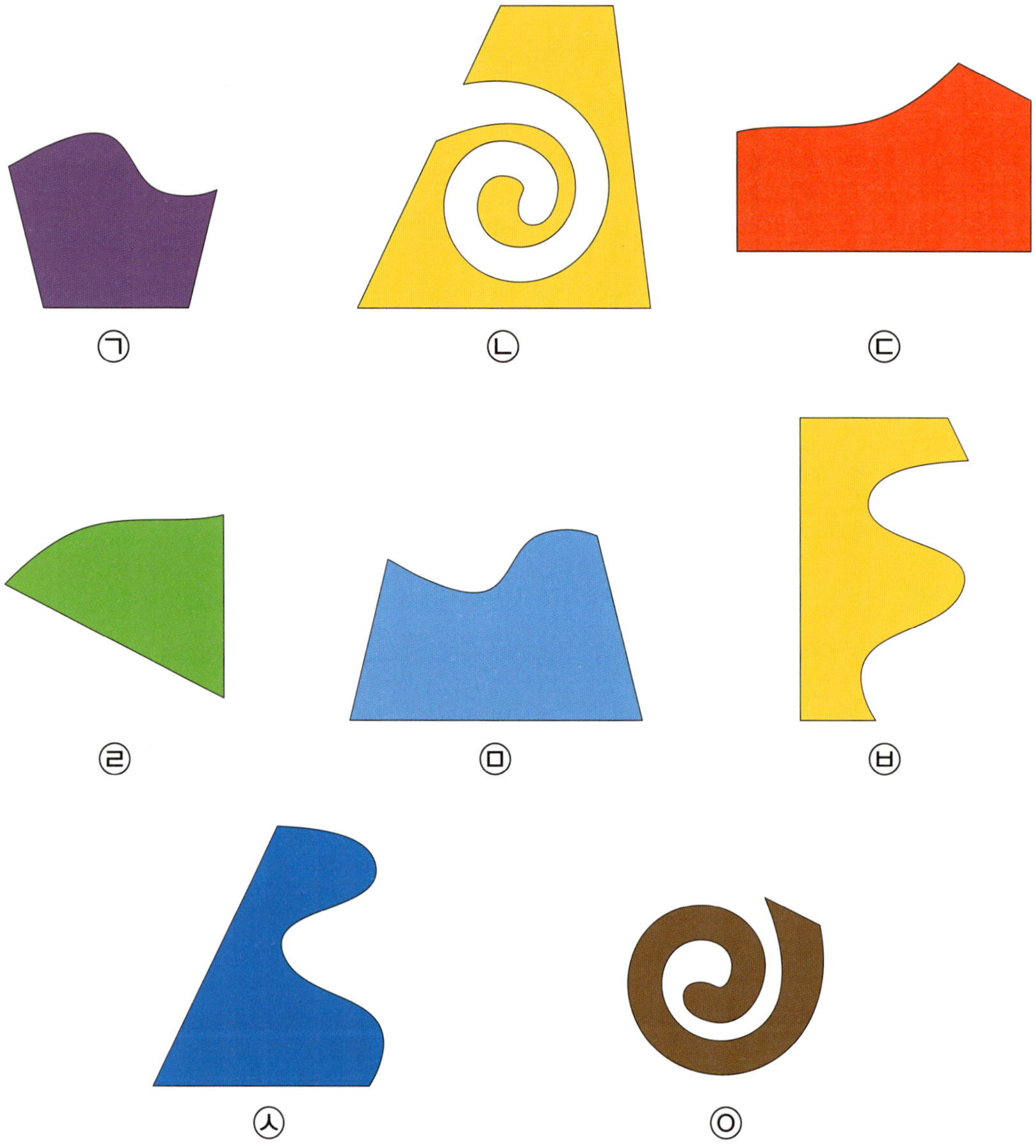

㉠ ㉡ ㉢

㉣ ㉤ ㉥

㉦ ㉧

㉠ — □   □ — □   □ — □   □ — □

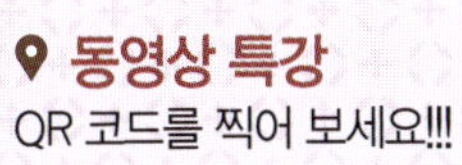

2 태돌, 큐리, 티나, 현우는 모양 조각을 1개씩 가지고 있습니다. 퍼즐판에서 모양 조각의 자리를 찾아 알맞게 스티커를 붙이시오.

준비물 모양 조각 스티커

태돌의 퍼즐

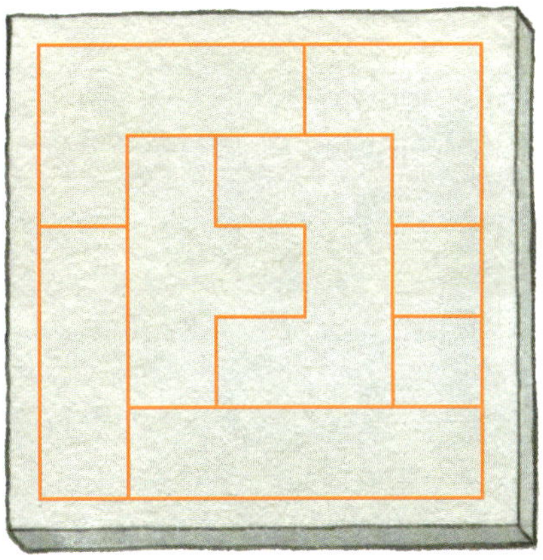

큐리의 퍼즐

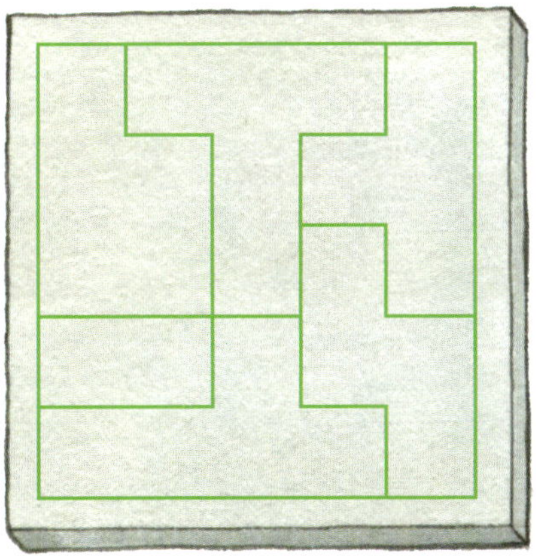

티나의 퍼즐

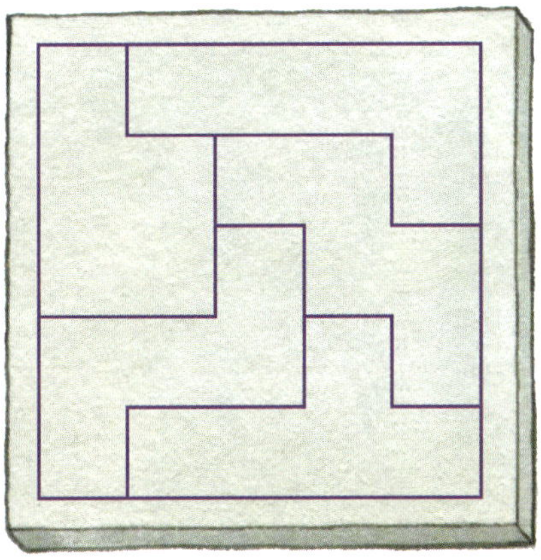

현우의 퍼즐

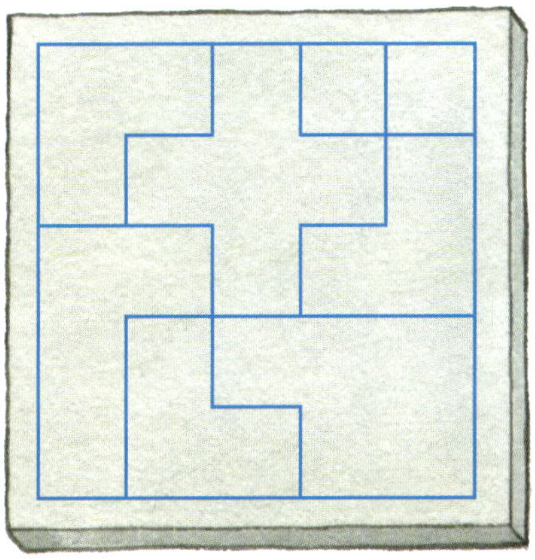

태돌

큐리

티나

현우

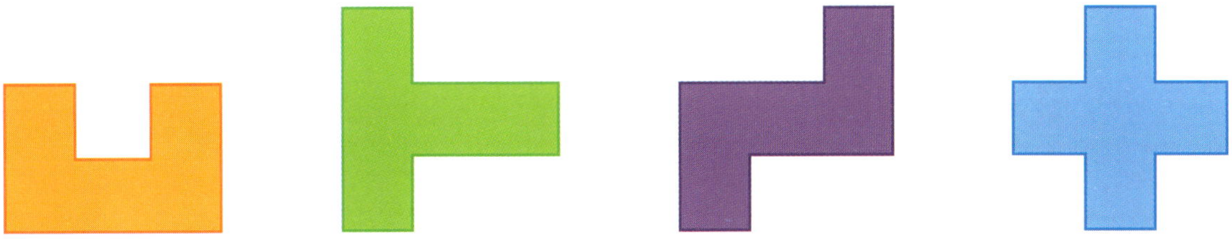

Chapter 3

같은 모양

목걸이 찾기

태돌이가 황금 열쇠 목걸이를 깊은 산속의 연못에 빠뜨렸습니다. 대마법사 멀린은 연못 속에서 황금 열쇠 목걸이 3개를 꺼내 보여주며 묻습니다.

태돌이의 황금 열쇠 목걸이는 다음과 같이 생겼습니다. 3개의 목걸이 중 태돌이의 목걸이를 찾아 ◯표 하시오.

모양, 색깔, 무늬를 비교하여 똑같은 것을 찾을 수 있습니다.

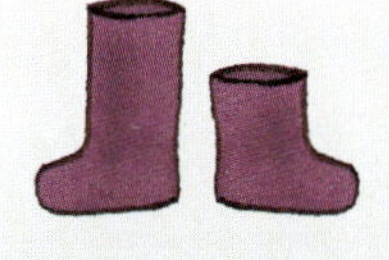

모양이 다릅니다.

색이 다릅니다.

무늬가 다릅니다.

똑같은 신발입니다.

짝짓기

예쁜 장화들 중 짝이 맞는 장화가 큐리의 장화입니다. 큐리의 신발장에 장화 스티커를 붙이시오.

준비물 장화 스티커

1 같은 그림끼리 짝을 지었을 때, 짝이 없는 그림을 찾아 ✕표 하시오.

[사진]

2 티나를 찍은 사진입니다. 관계있는 것끼리 선으로 이으시오.

두 그림을 비교하여 다른 부분 5곳을 모두 찾아 ◯표 하시오.

1 두 퍼즐에서 다른 조각 2개를 찾아 오른쪽 퍼즐에 ◯표 하시오.

같은 위치의 퍼즐 조각을
비교하면 알 수 있지.

[다른 부분]
2 태돌이 사진을 비교하였을 때 다른 부분은 모두 몇 부분입니까?

모양 카드

모양 카드 **4**장을 가지고 있는 태돌이는 성문을 지나갈 때마다 카드 요정에게 같은 모양이 있는 카드를 주어야 합니다. 성문을 모두 통과한 후 남은 카드에 ○표 하시오.

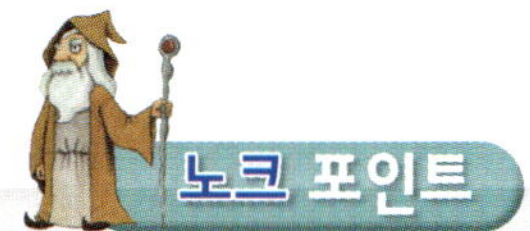 가운데 있는 모양과 같은 모양이 있는 칸에 색칠하시오.

① 똑같은 모양은 돌려도 같은 모양입니다.

② 거울에 비친 모습은 왼쪽과 오른쪽이 바뀝니다.

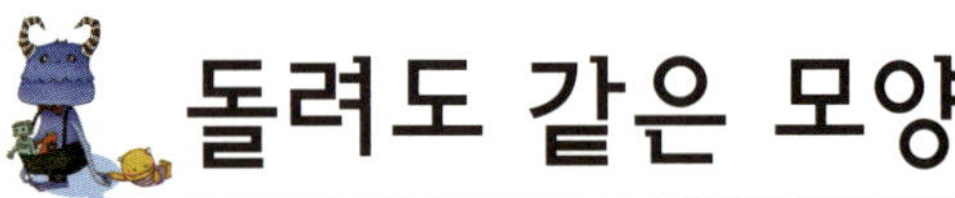

돌려도 같은 모양

그림 카드를 돌려서 나오는 모양에 맞게 그림 스티커를 붙이시오.

준비물 그림 스티커

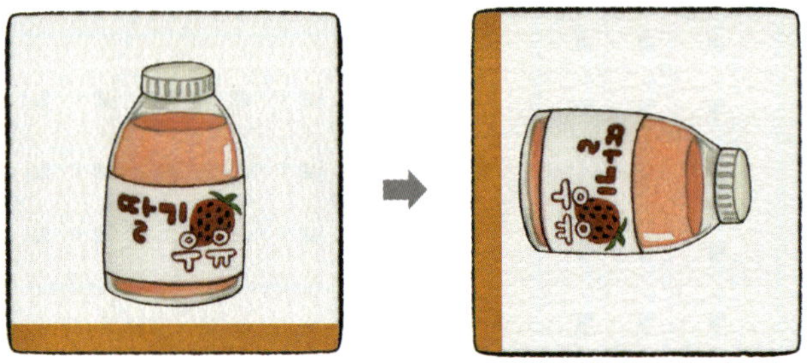

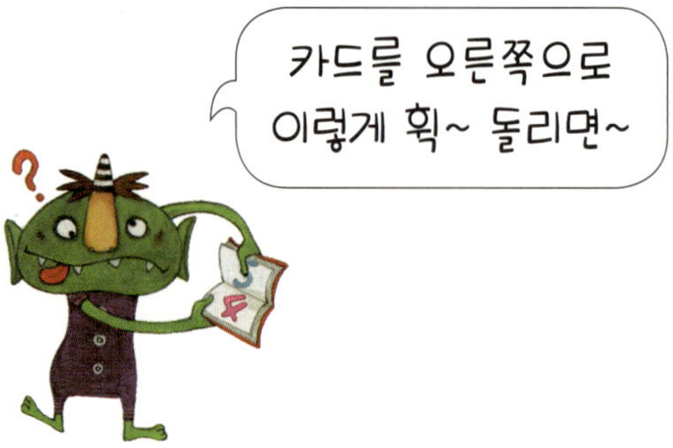

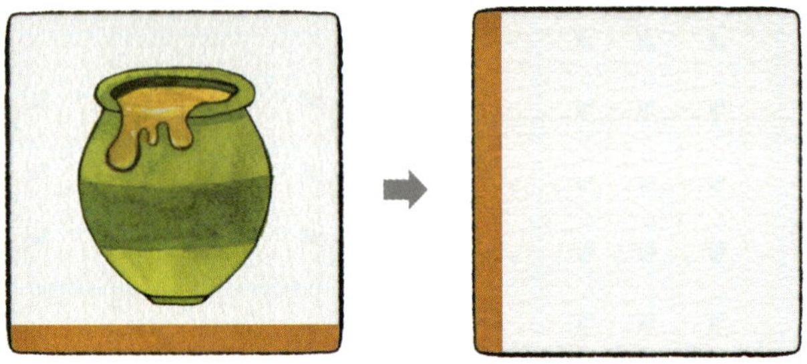

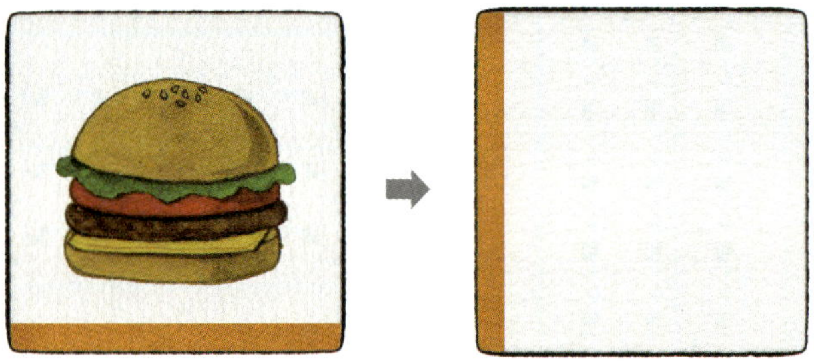

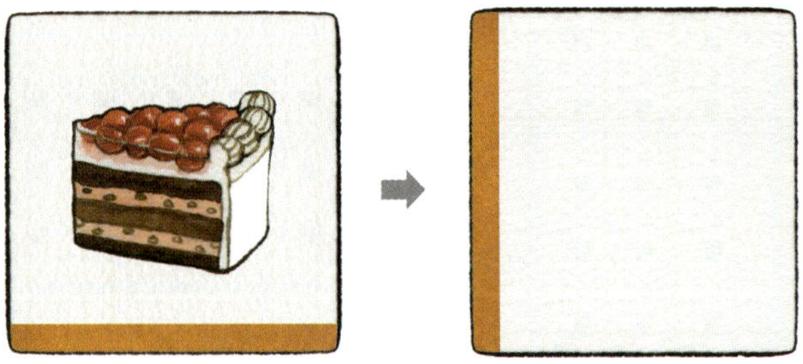

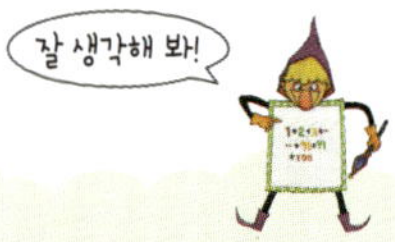

그림 카드를 오른쪽으로
돌리면 이렇게 되는 거야.

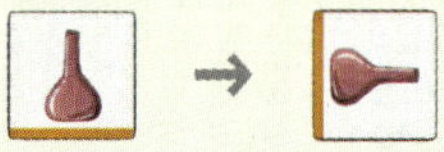

1 주어진 모양 카드를 오른쪽으로 돌렸습니다. 알맞은 카드의 기호를 쓰시오.

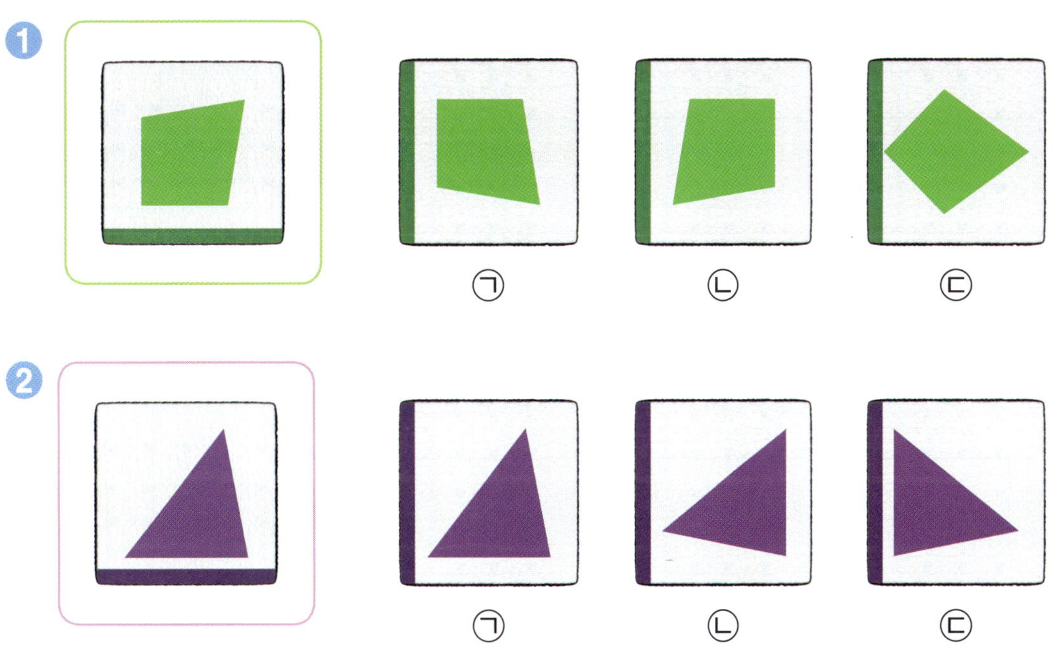

2 현우, 티나, 큐리, 태돌 중 3명은 모두 같은 모양 카드를 가지고 있습니다.
다른 모양 카드를 가지고 있는 사람은 누구입니까?

거울 속 모양

현우가 거울에 모습을 비추어 보고 있습니다. 거울에 비친 모습에 맞게 동물 스티커를 붙여 보시오.

준비물 동물 스티커

현우

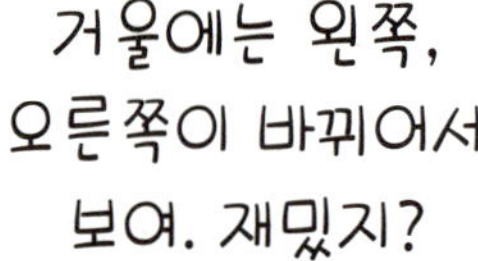

[잘못된 거울]

1 거울에 비친 모습이 잘못된 거울에 ✕표 하시오.

[거울 선 잇기]

2 거울에 비친 모습을 찾아 선으로 이으시오.

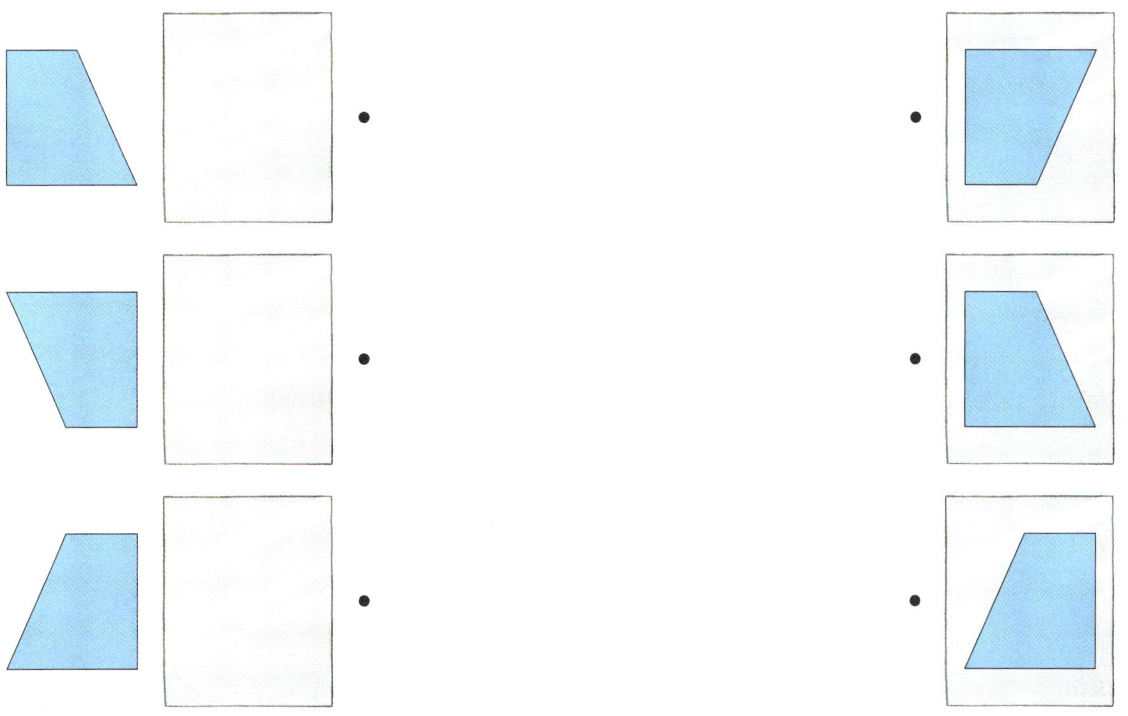

같은 모양 만들기

태돌이가 색종이를 잘라 똑같은 조각 **2**개를 만들었습니다.

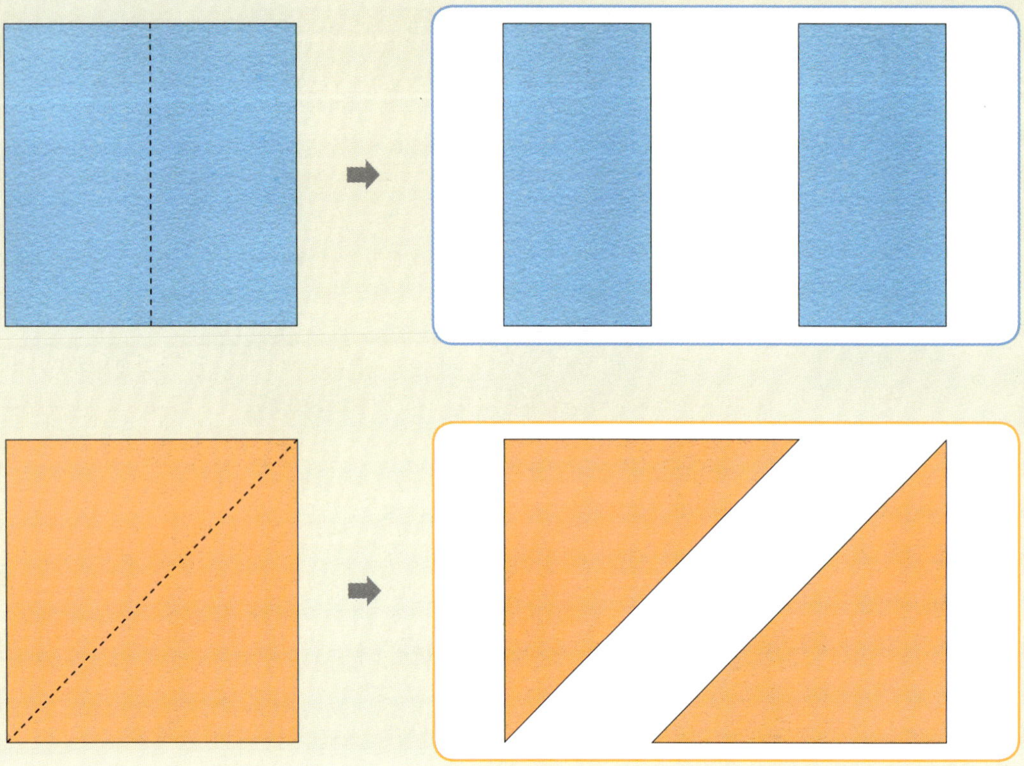

다음 세모 모양의 색종이를 선을 따라 잘랐을 때 똑같은 모양 조각 **2**개가 나오는 것의 기호를 쓰시오.

준비물 모양 색종이

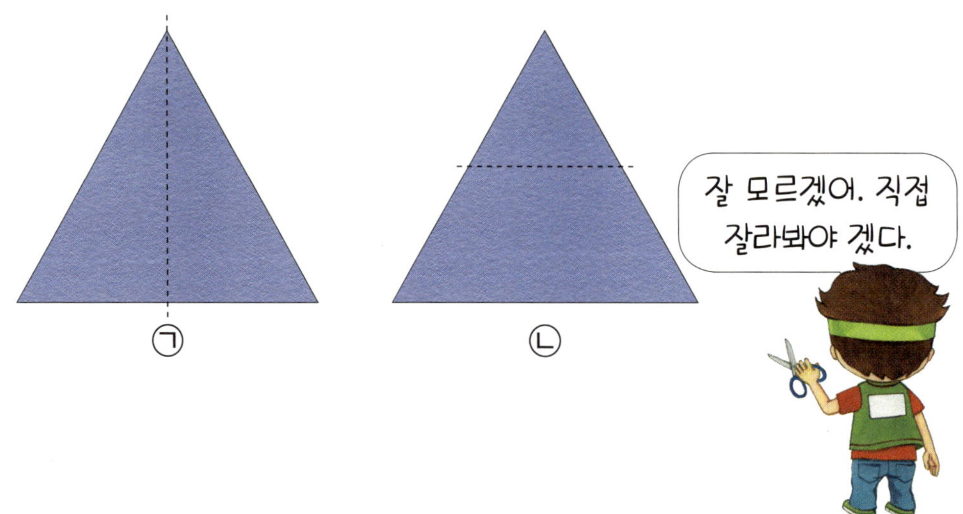

준비물   도장 스티커
13쪽에 사용하세요.

    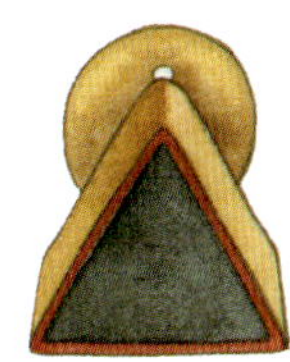 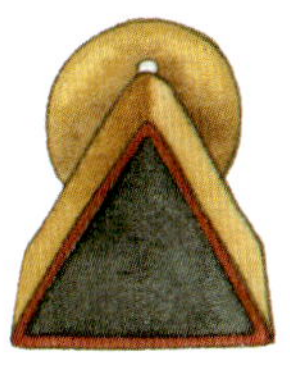

준비물   물건 스티커
18쪽에 사용하세요.

   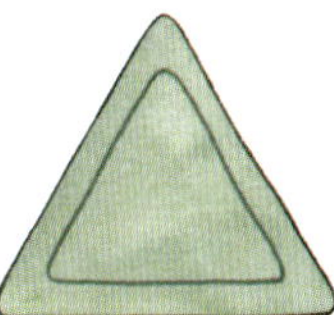  

   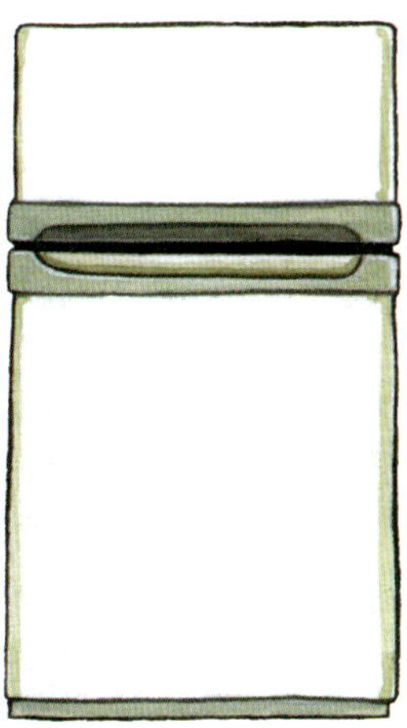

준비물   모양 스티커
24쪽에 사용하세요.

26쪽에 사용하세요.

34쪽에 사용하세요.

41쪽에 사용하세요.

42쪽에 사용하세요.

32쪽에 사용하세요.

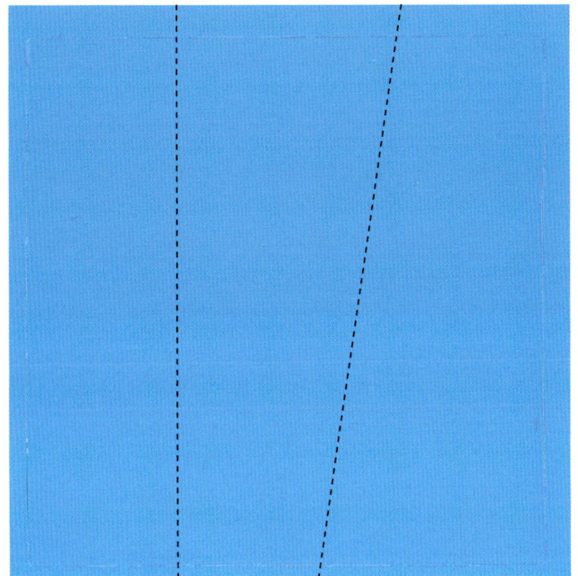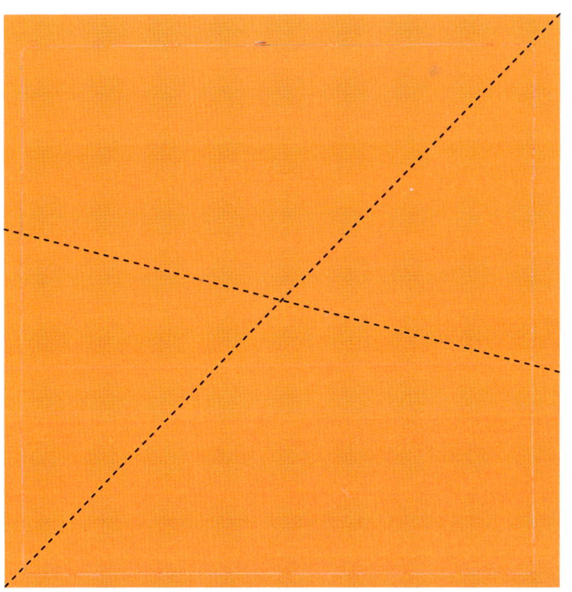

33쪽에 사용하세요.

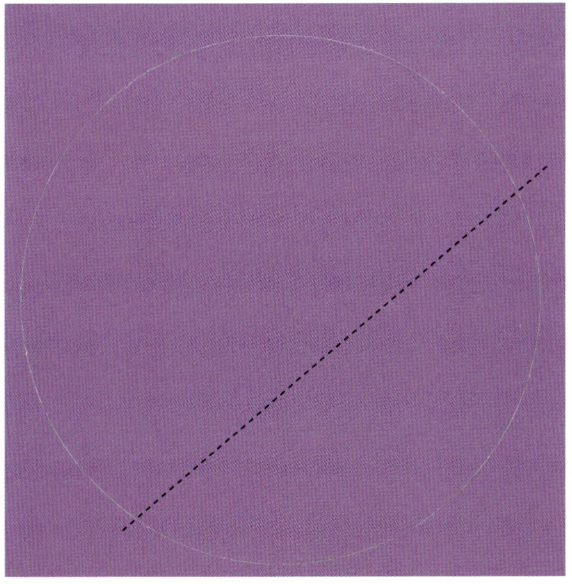

36쪽에 사용하세요.

50쪽에 사용하세요.

준비물 장화 스티커

56쪽에 사용하세요.

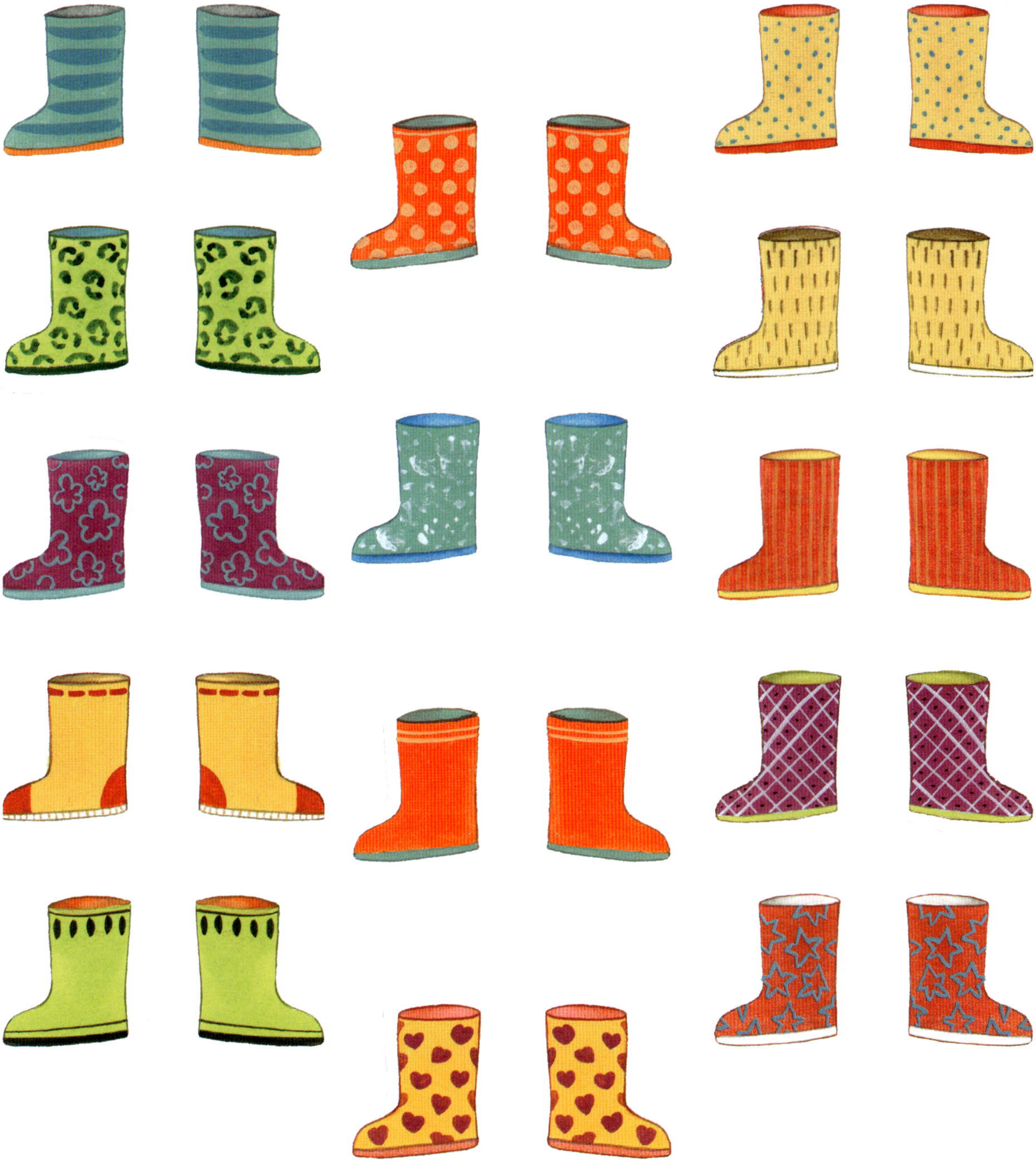

준비물 초콜릿 조각 스티커

69쪽에 사용하세요.

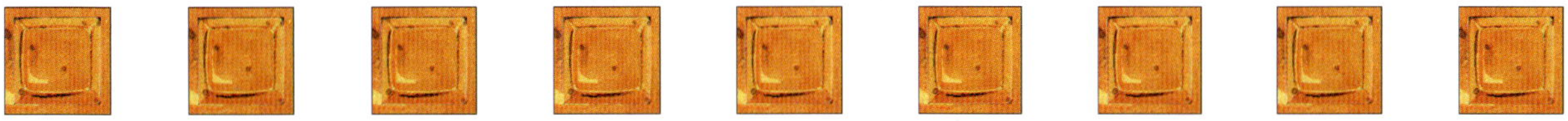

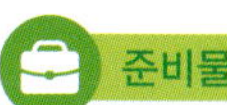

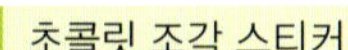

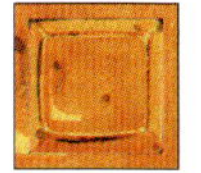

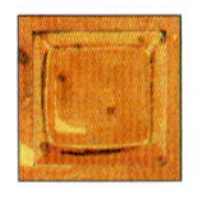

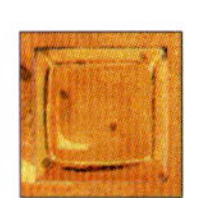

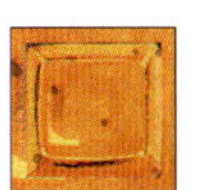

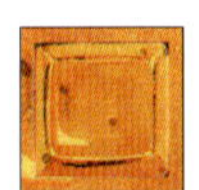

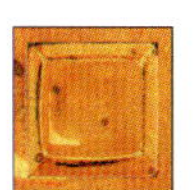

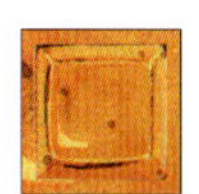

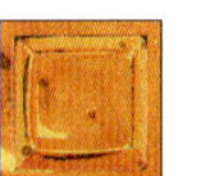

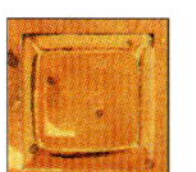

62쪽에 사용하세요.

64쪽에 사용하세요.

51쪽에 사용하세요.

  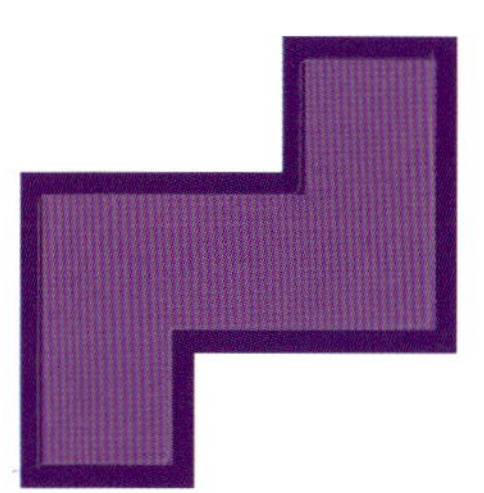 

62쪽에 사용하세요.

66, 67쪽에 사용하세요.

준비물 모양 색종이

66, 67쪽에 사용하세요.

73쪽에 사용하세요.

①

②

③

④

⑤

⑥

⑦

⑧

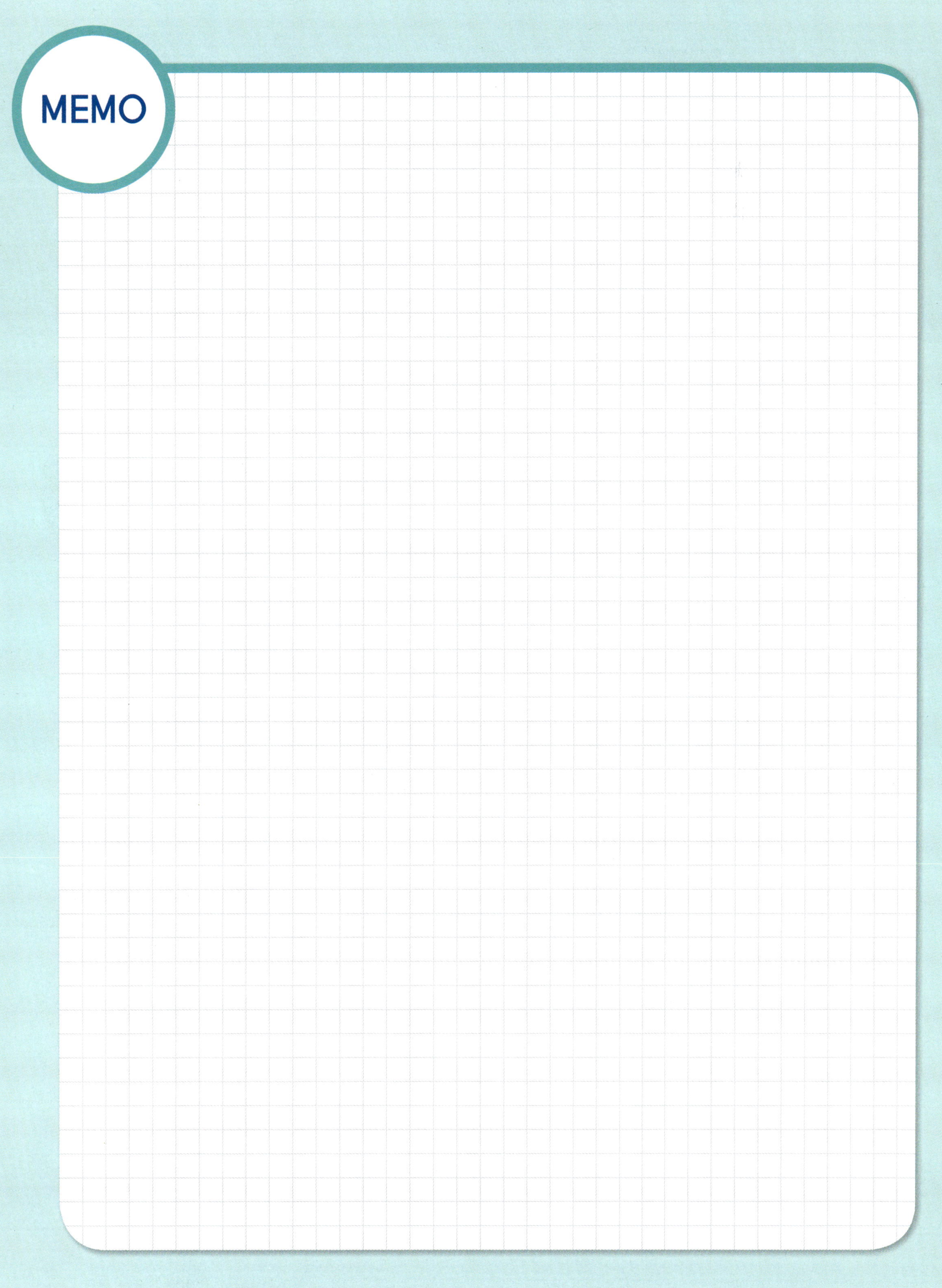
MEMO

2 아래에 있는 태돌이가 위로 올라올 수 있는 길을 그려 보시오.

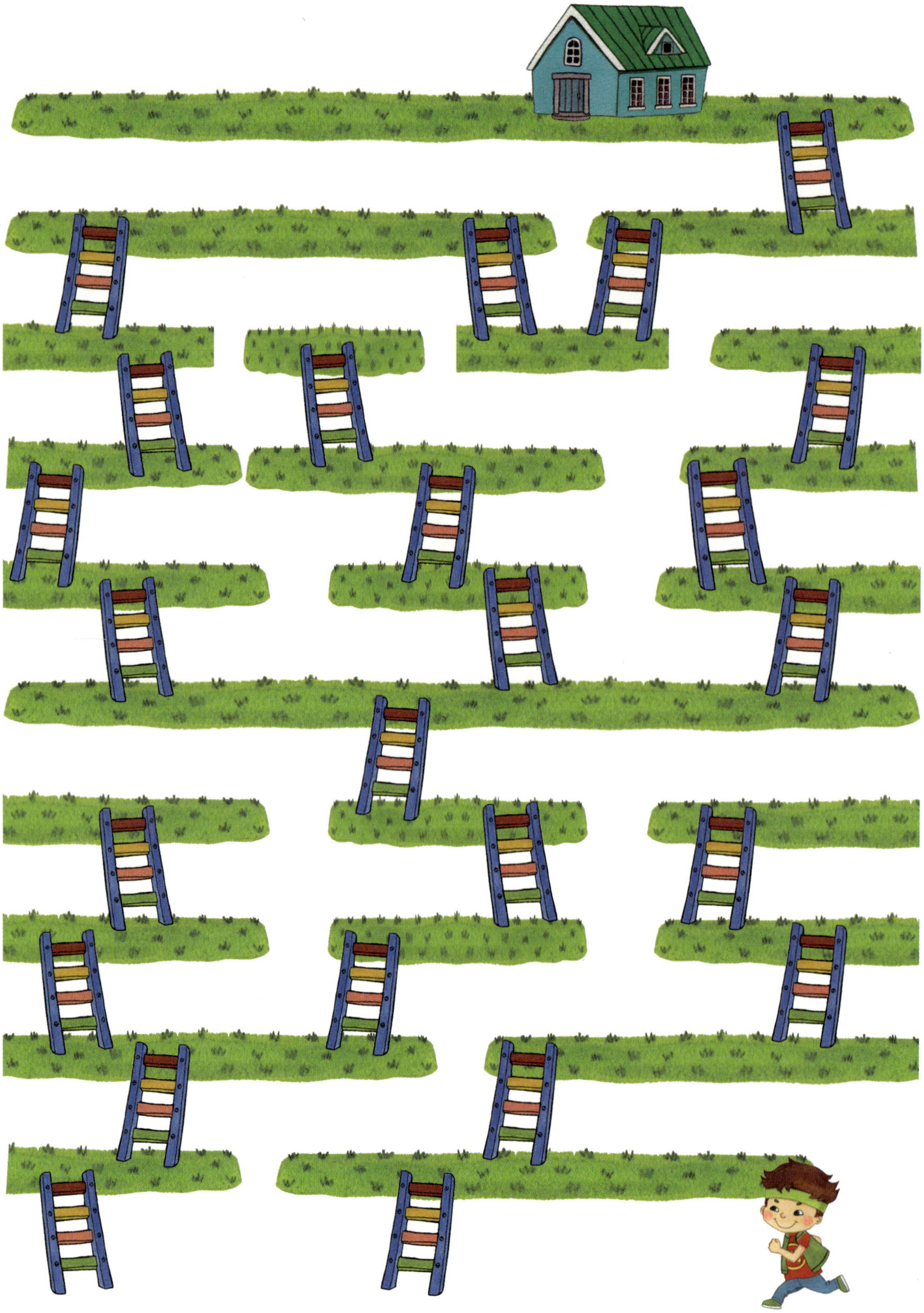

1 태돌이가 축구공을 골대에 골인시킬 수 있도록 축구공이 가는 길을 선으로 나타내시오. (단, 축구공은 화살표 방향으로만 갈 수 있습니다.)

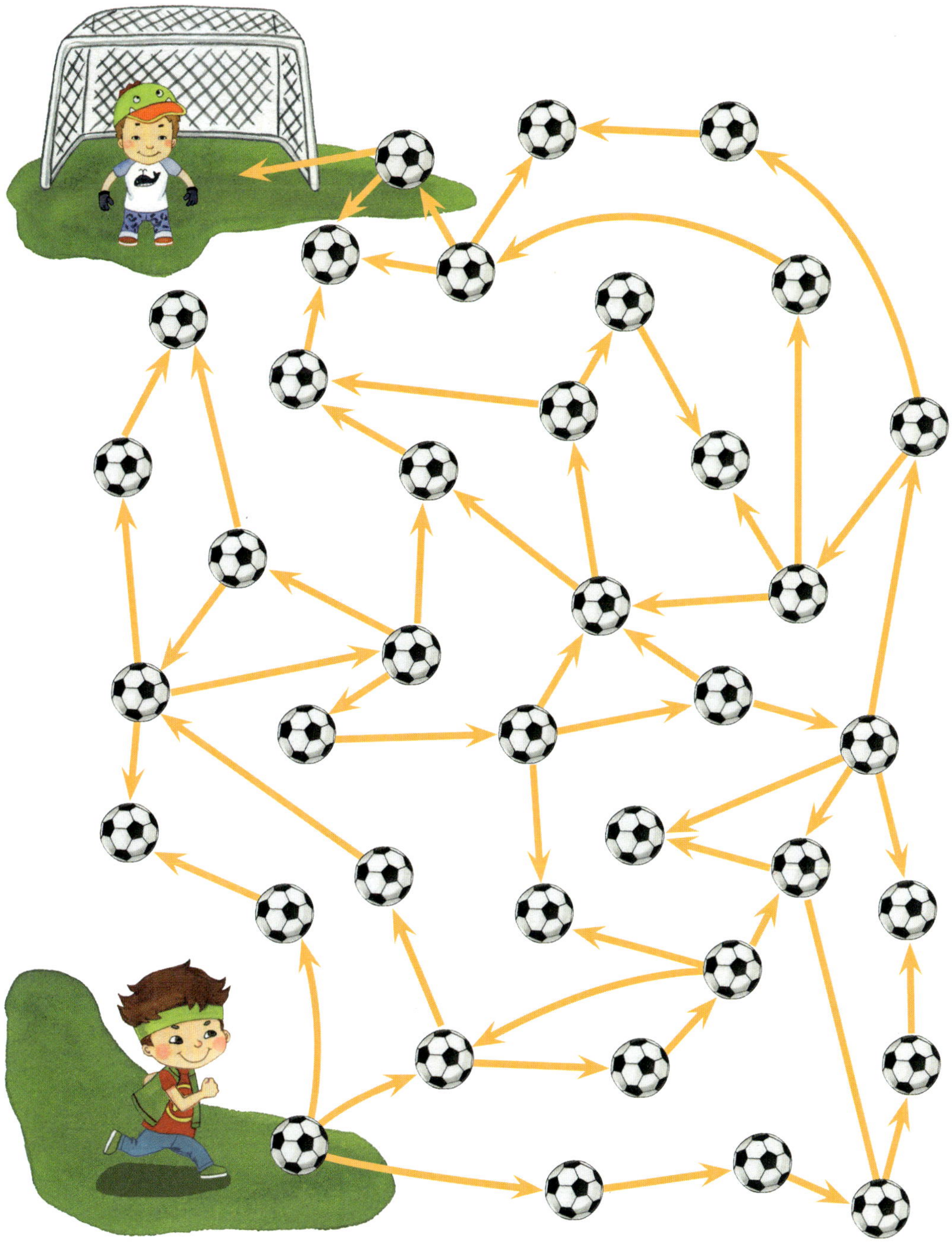

1 큐리가 수의 순서에 따라 얼음 위를 지납니다. 펭귄이 있는 칸을 제외한 모든 얼음을 한 번씩만 지나가려고 할 때 큐리가 가는 길을 나타내시오.

순서대로 지나기

양이 출발점부터 도착점까지 수의 순서에 맞게 모든 칸을 한 번씩만 지나가려고 합니다. 지나는 길을 알아봅시다.

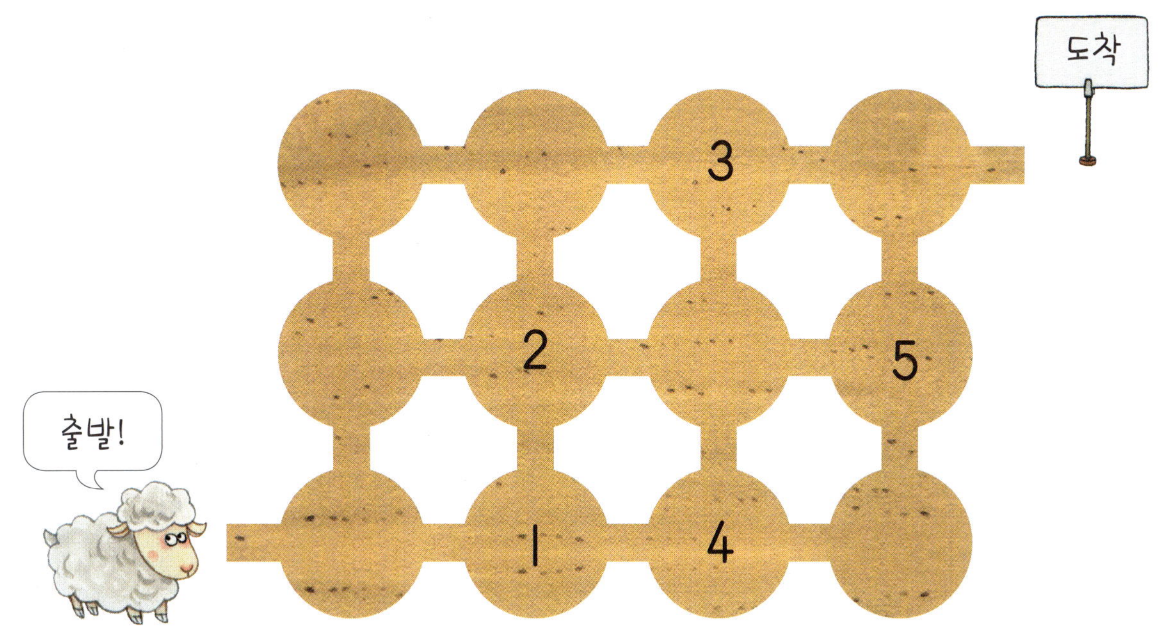

❶ 수의 순서에 맞게 칸을 지나야 하므로 1, 2가 있는 칸부터 먼저 지나야 합니다. 출발부터 시작하여 2까지 선을 그으시오.

❷ 2가 있는 칸부터 3이 있는 칸까지 가는 가장 짧은 선을 긋고, 빈칸이 생기지 않도록 그 선을 늘이시오.

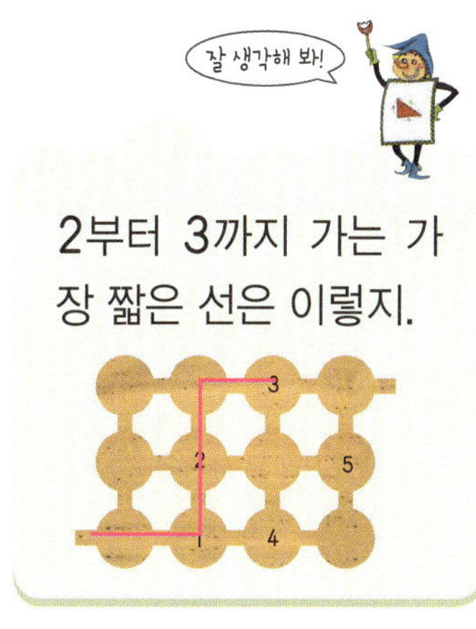

❸ 3부터 5까지 순서대로 지나는 선을 그어 미로를 통과하시오.

1 꼬마 요괴가 있는 칸을 뺀 나머지 칸을 모두 한 번씩 지나가시오.

① 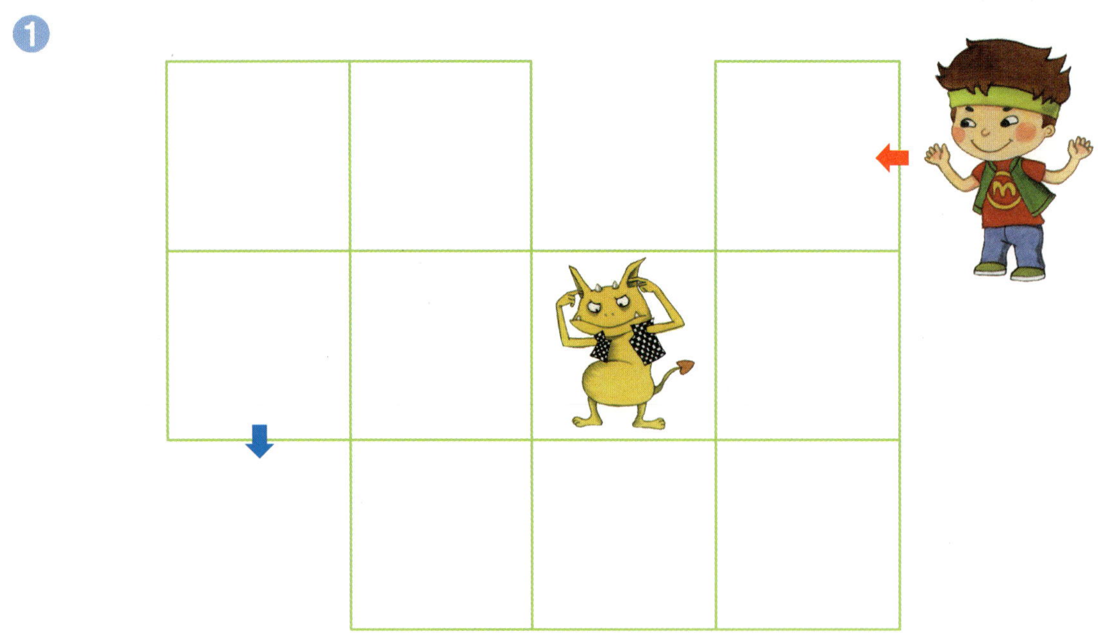

② 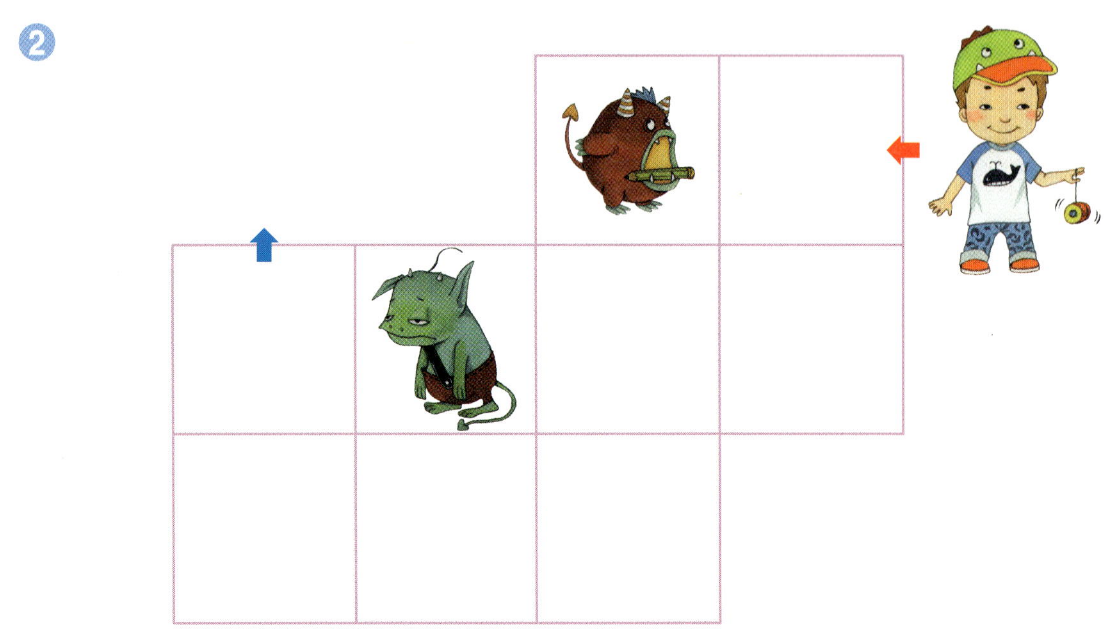

요괴 칸 빼고 지나가기

꼬마 해적 티나는 요괴가 있는 칸을 뺀 나머지 칸을 모두 한 번씩 지나 보물 상자 가 있는 곳으로 가려고 합니다. 티나가 가는 길을 선으로 나타내시오.

티나가 모든 칸을 한 번씩 다 지나서 집으로 가려고 합니다. 티나가 가는 방법을 선으로 나타내시오.

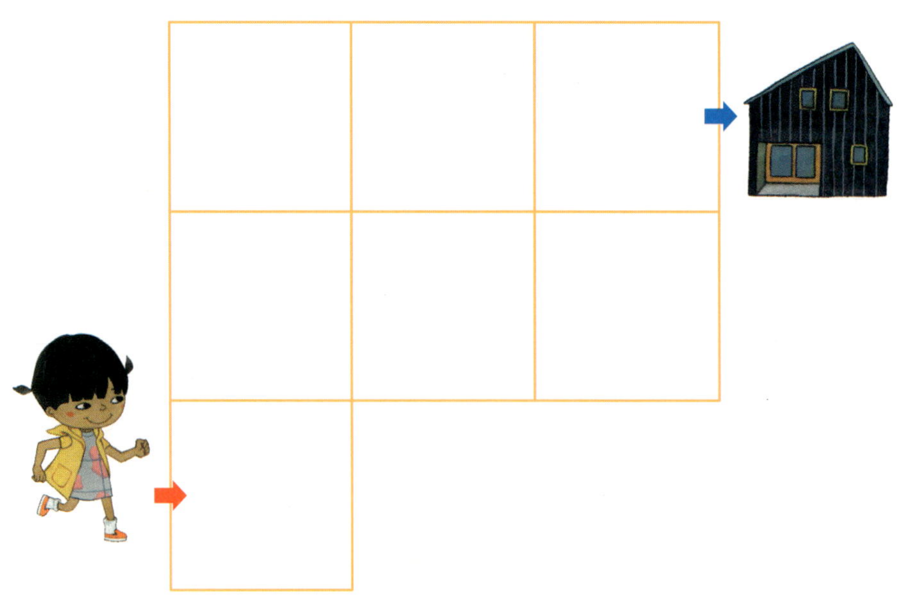

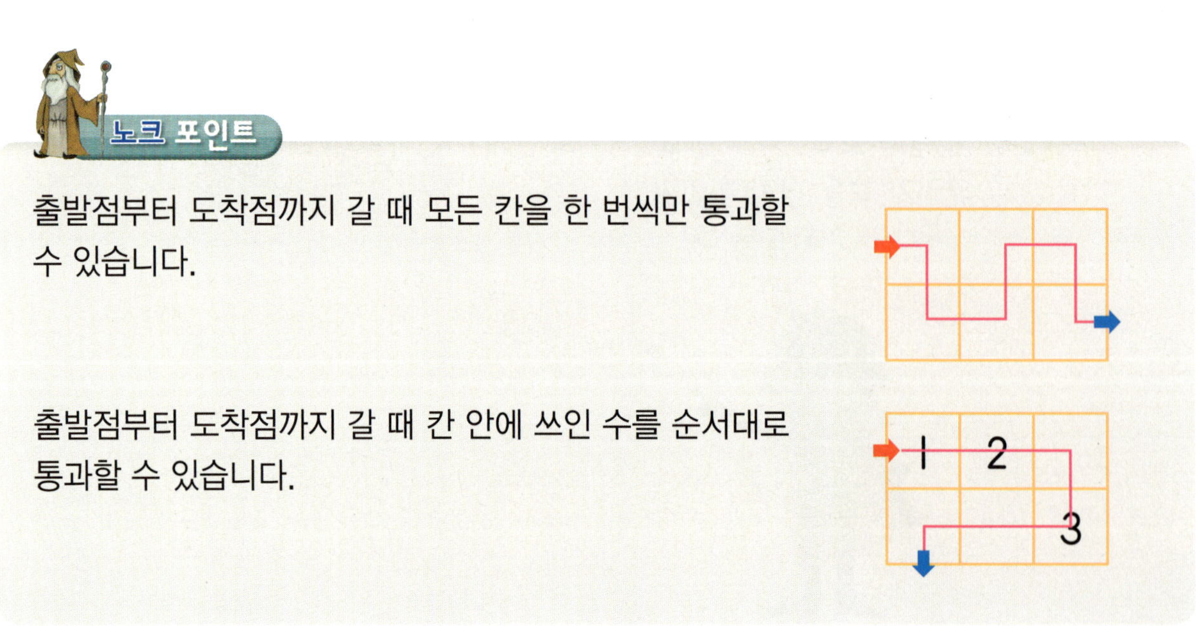

출발점부터 도착점까지 갈 때 모든 칸을 한 번씩만 통과할 수 있습니다.

출발점부터 도착점까지 갈 때 칸 안에 쓰인 수를 순서대로 통과할 수 있습니다.

모든 칸 지나기

찍찍 생쥐가 출발칸부터 도착칸까지 모든 칸을 한 번씩 지나가도록 여러 가지 방법으로 선을 그으시오.

[놀이터 미로]

1 태돌, 현우, 티나, 큐리가 각자 미로를 통과하여 놀이터에 가려고 합니다. 놀이터에 갈 수 있는 사람의 이름을 쓰시오.

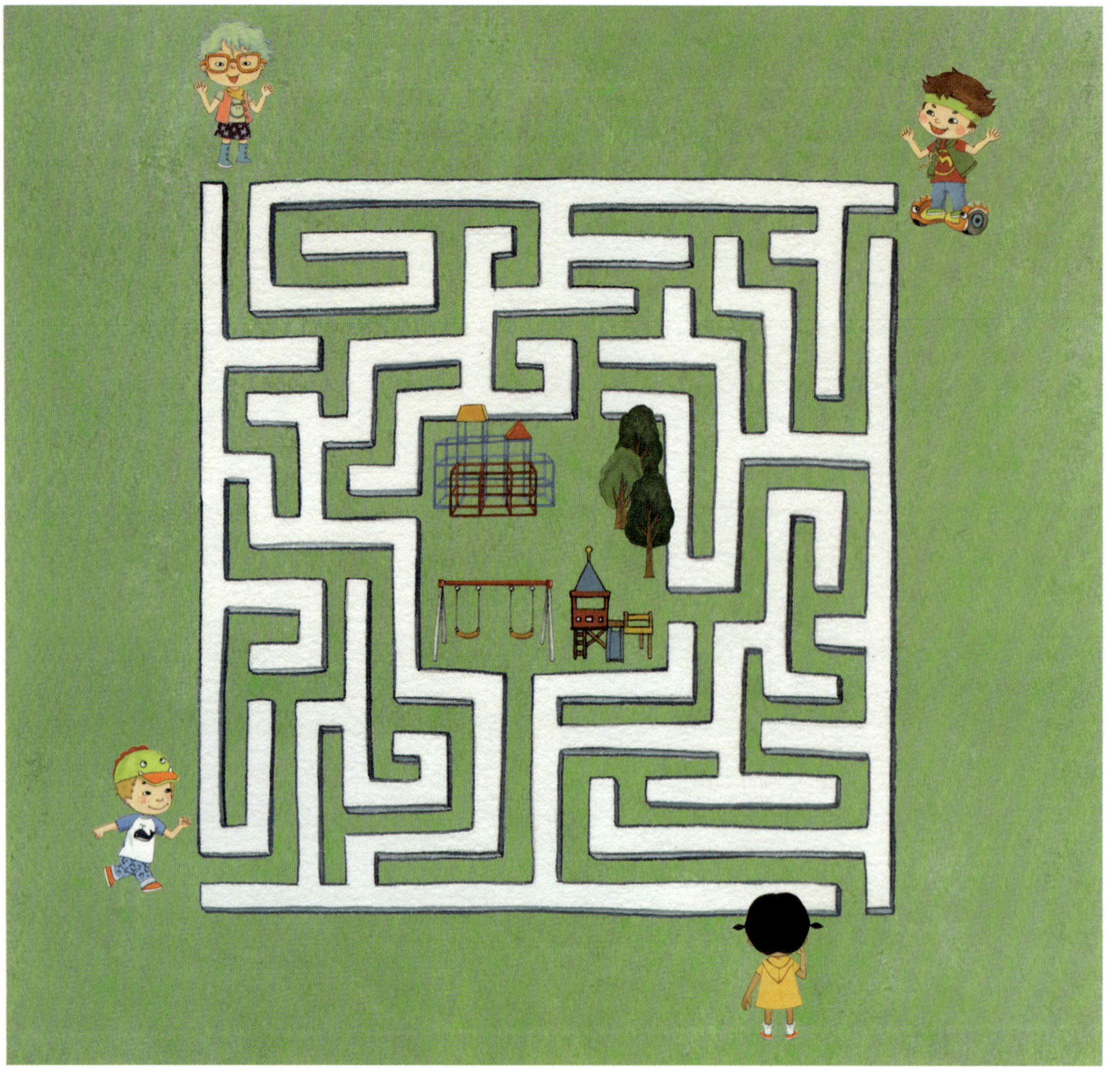

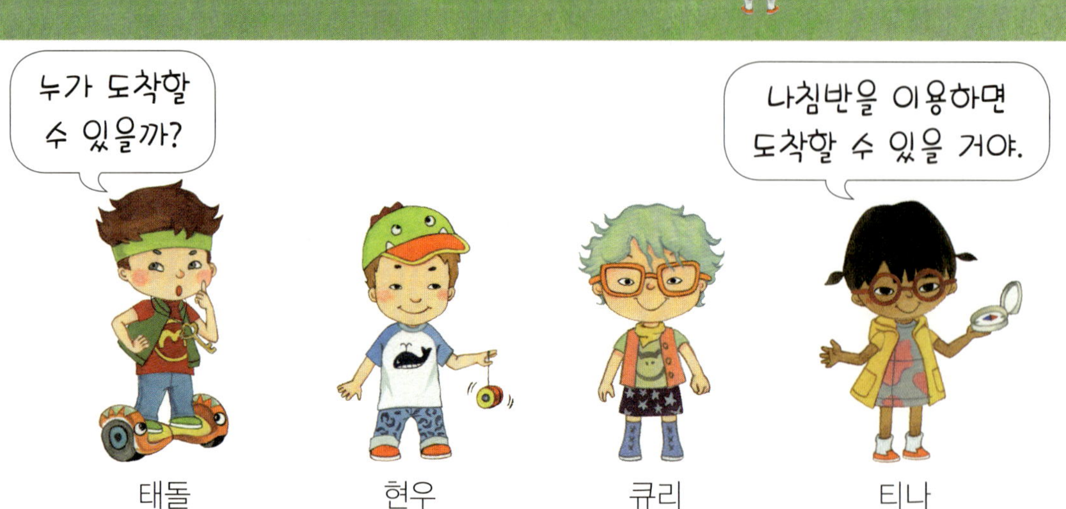

미로 통과

펭귄이 미로를 통과하여 집으로 갑니다. 펭귄이 집으로 가는 가장 빠른 길을 선으로 나타내고, 그 때 잡을 수 있는 물고기의 수를 ☐ 안에 써넣으시오.

: ☐ 마리

1 태돌이가 조정 경기에 참가하였습니다. 세 가지 길 중 하나를 선택하여 출발할 때, 악어를 만나지 않고 도착지까지 갈 수 있는 길은 어디입니까?

입구는 어디?

개미가 집을 찾아가려고 합니다. 어느 입구로 들어가야 하는지 기호를 쓰시오.

기사가 미로를 지나 성으로 갑니다. 폭탄을 피해 미로를 통과하는 길을 선으로 나타내시오.

노크 포인트

미로는 복잡한 길을 따라 출발점에서 시작하여 도착점까지 가는 퍼즐입니다.
복잡한 미로에서는 갈 수 없는 길을 먼저 표시한 다음 표시하지 않은 길을 따라 미로를
통과할 수 있습니다.

미로

간단한 미로를 통과하여 봅시다.

1 연필을 종이에서 떼지 않고 모든 선을 한 번씩만 지나가며 그리는 것을 한 붓그리기라고 합니다. 다음 중 한붓그리기가 가능한 모양은 몇 개입니까?

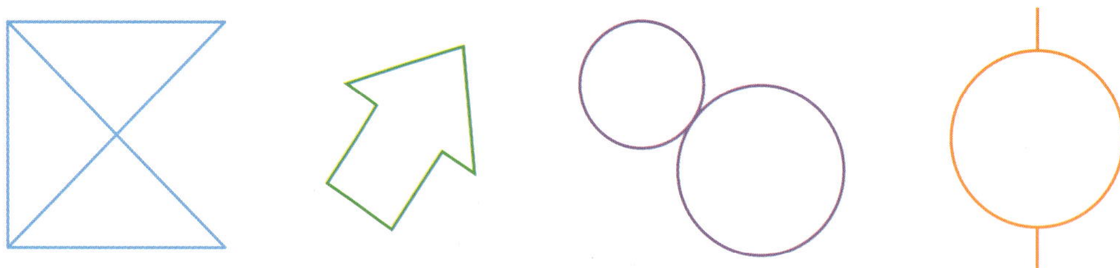

[토끼와 당근]

2 길을 따라 맛있는 당근이 놓여져 있습니다. 토끼가 모든 길을 한 번씩만 지나서 당근을 모두 가져올 수 있도록 길을 지나는 방법을 나타내시오.

한 번에 긋기

꼬마 요괴의 그림을 따라 종이에서 연필을 떼지 않고 모든 선을 한 번씩만 지나가며 그리시오.

장난 요괴

딴소리 요괴

거꾸로 요괴

딴짓 요괴

1 ①부터 순서대로 줄을 따라가서 나오는 글자들을 차례로 연결하시오.

태돌이와 티나, 큐리가 강아지를 산책시키러 나왔습니다. 각각 누구의 강아지인지 ☐ 안에 써넣으시오.

선 따라가기 퍼즐은 원하는 선을 끝까지 따라가면 문제를 해결할 수 있습니다.
강아지 목걸이에 이어진 줄을 따라 선을 그으면 몇 번째 줄이 강아지에게 묶여 있는지
알 수 있습니다.

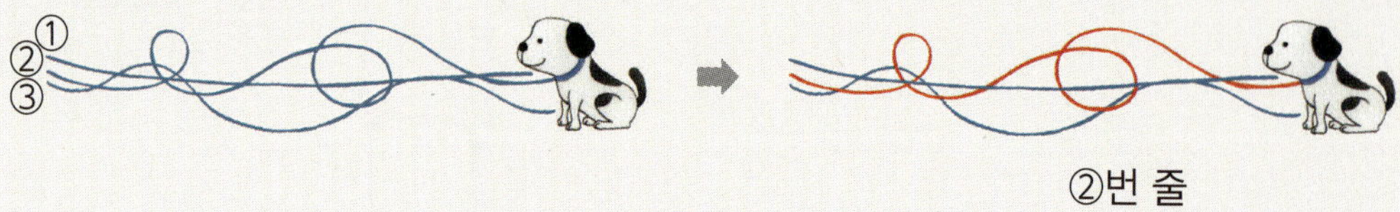

선 따라가기

강아지가 뼈다귀를 먹으려면 몇 번 줄을 선택해야 합니까?

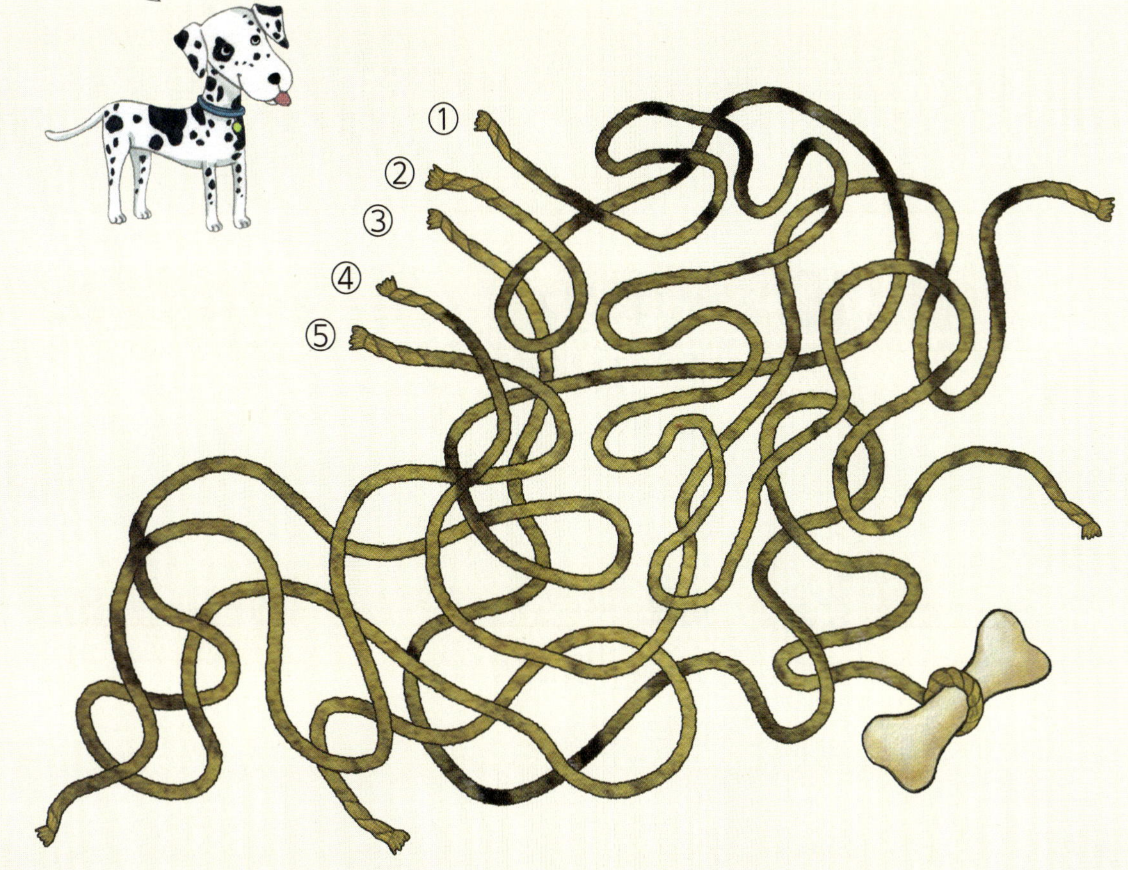

Chapter 4

미로와 퍼즐

2 다음 모양 중 2개를 이어 붙여 주어진 모양을 만들려고 합니다. 이어 붙이는 모양의 번호를 모두 쓰시오.

준비물 모양 조각

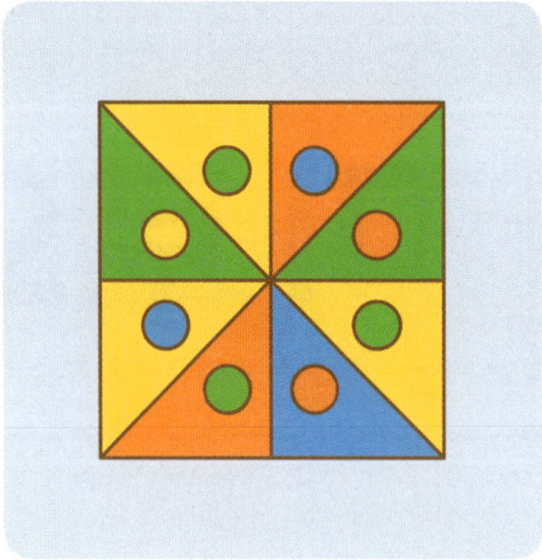

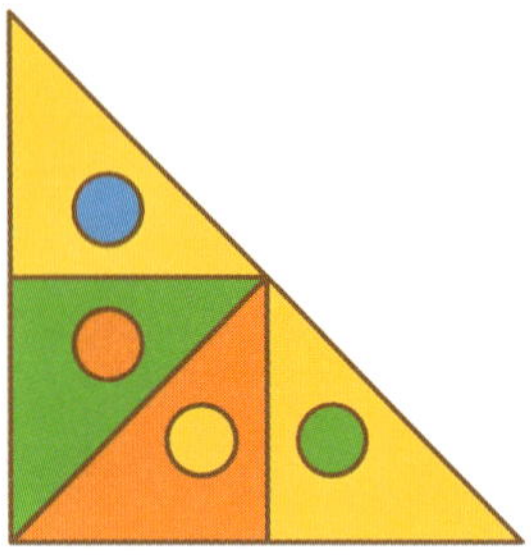

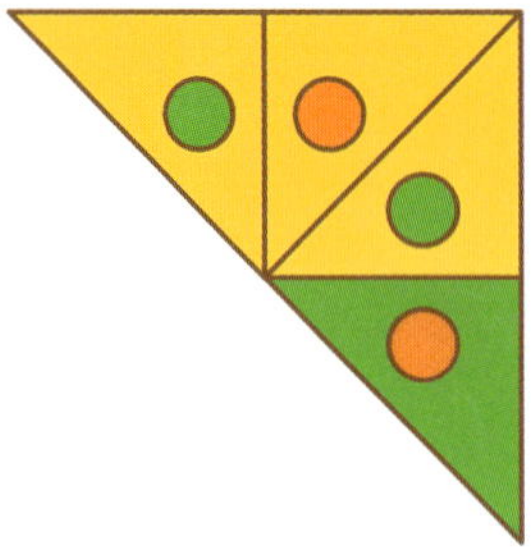

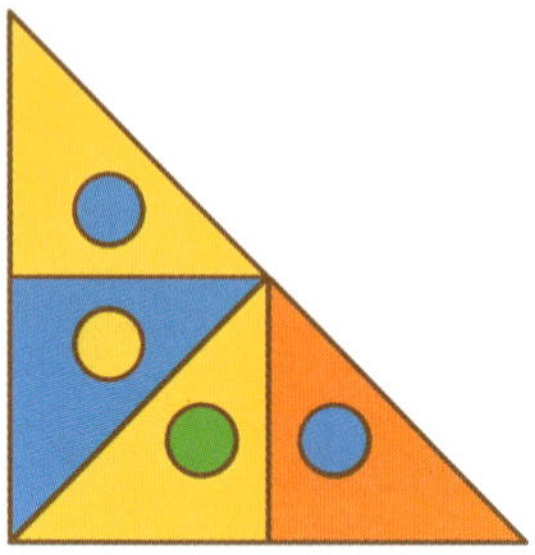

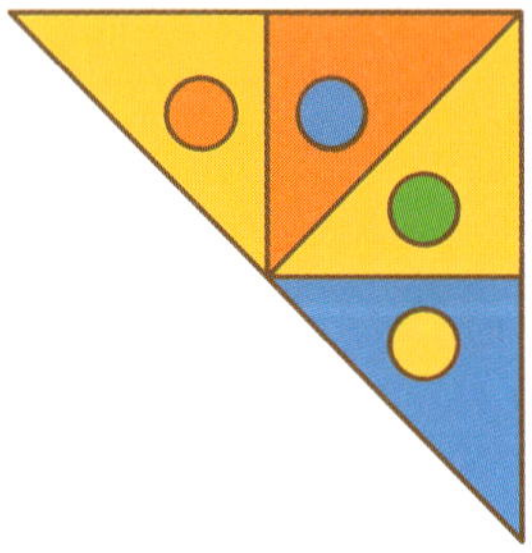

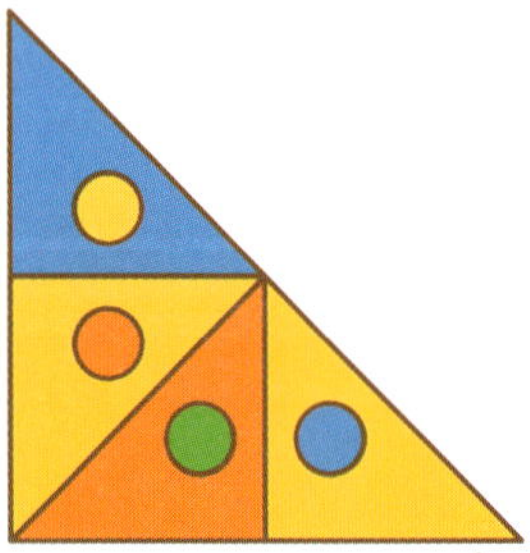

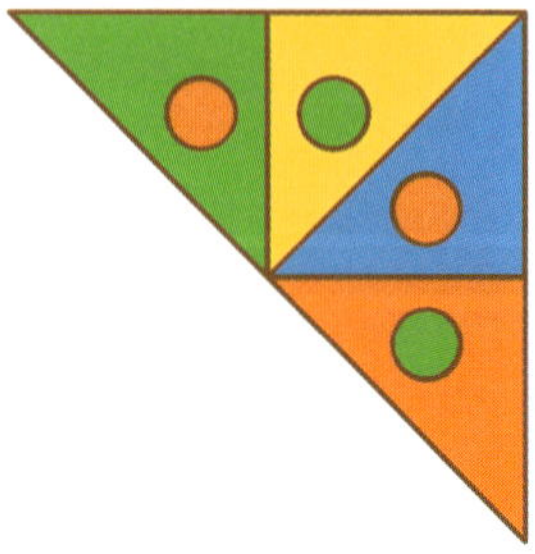

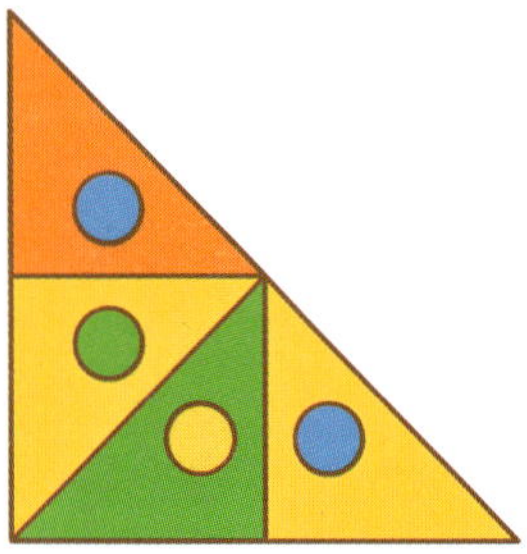

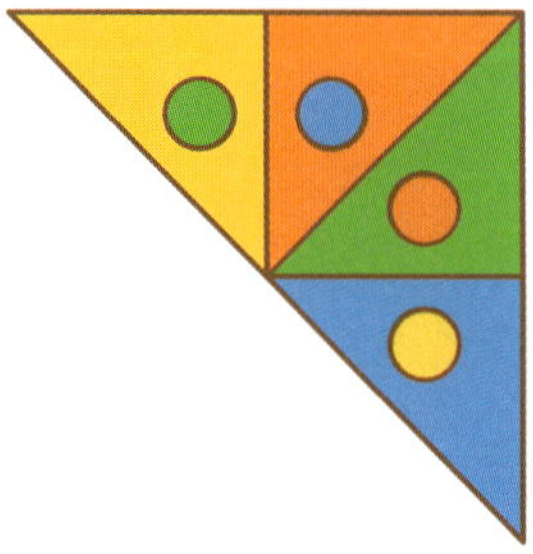

창의적 문제해결력

1 다음 그림을 똑같이 그리고, 그림의 제목을 지으시오.

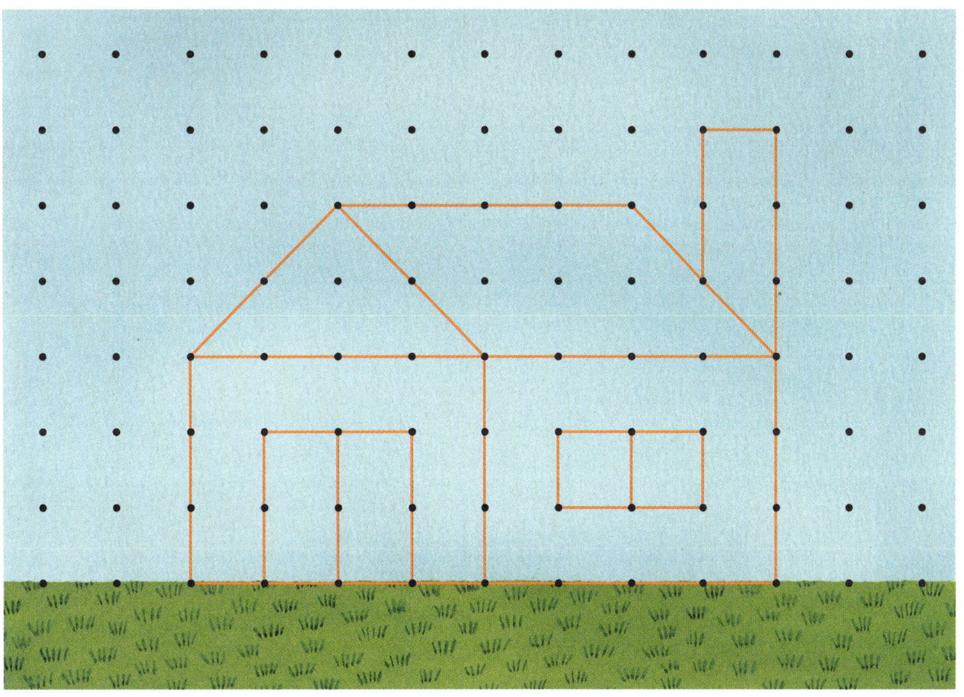

제목: ________________________

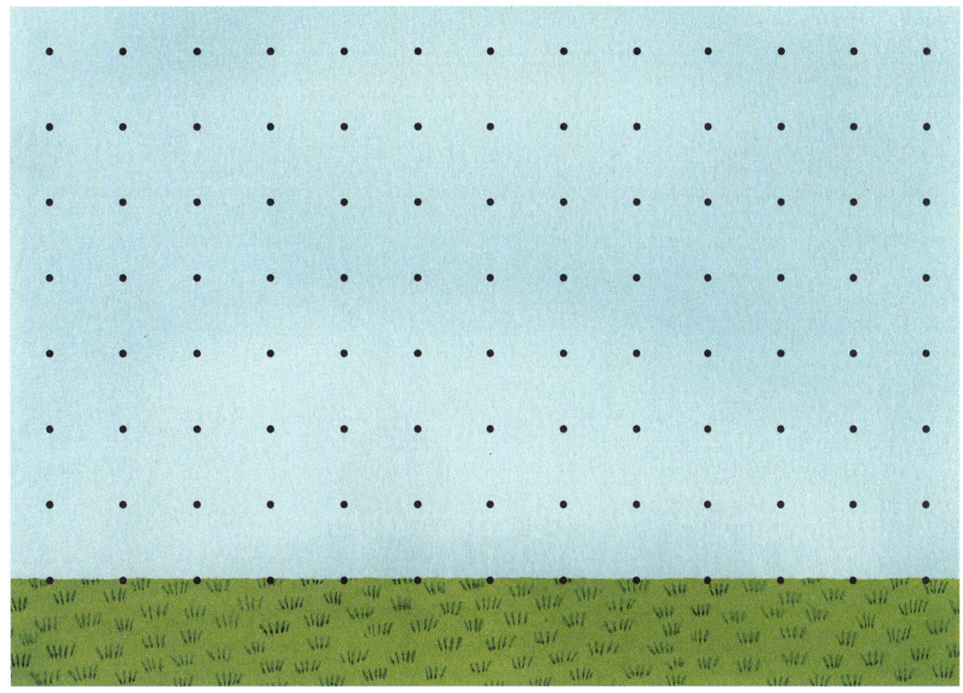

1 왼쪽 모양과 똑같은 모양을 선을 따라 그리시오.

2 왼쪽과 똑같이 그리시오.

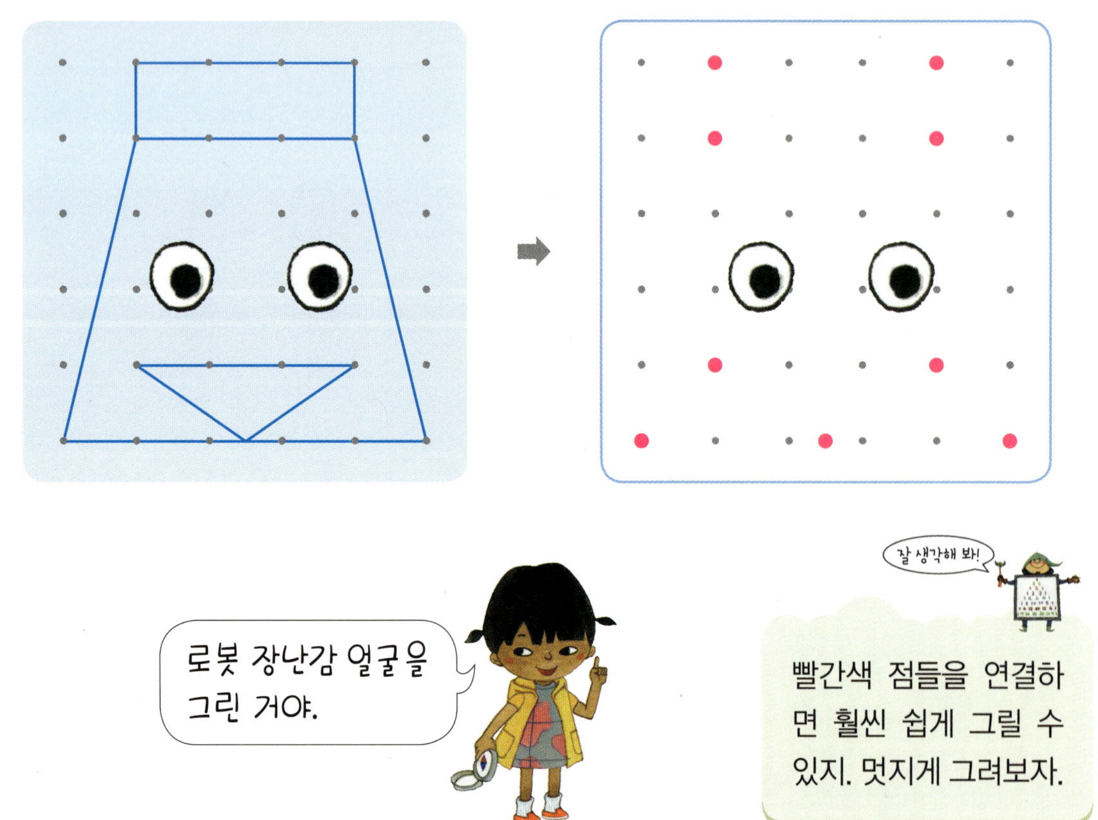

 # 점 종이 위 모양

왼쪽 모양을 오른쪽 점 종이 위에 똑같이 그려 보시오.

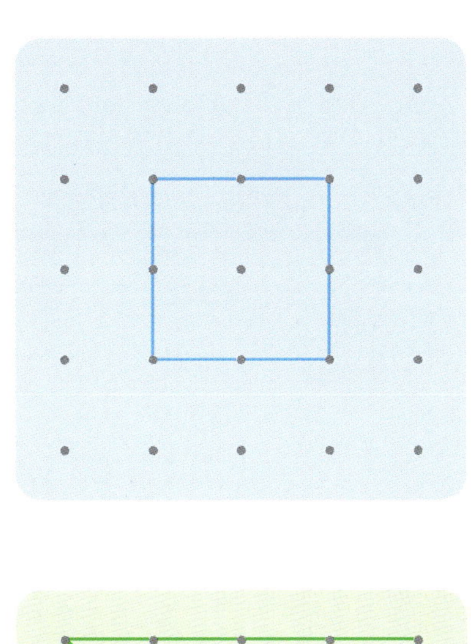

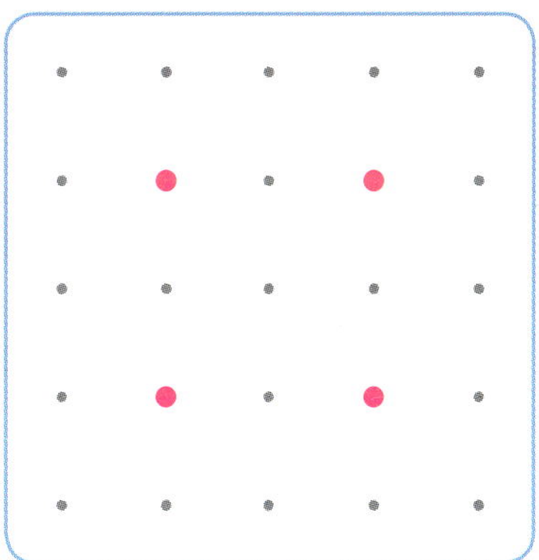

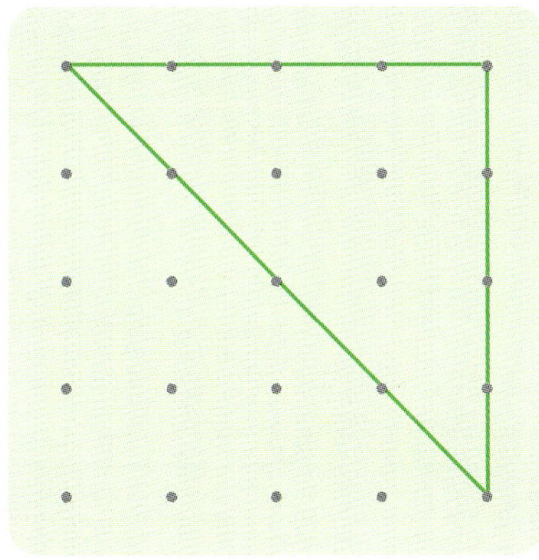

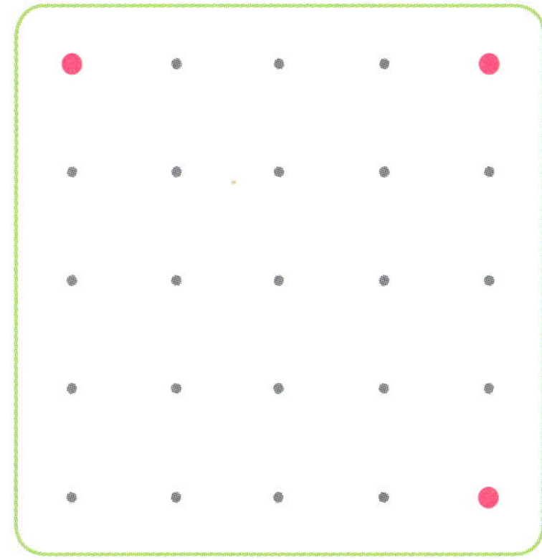

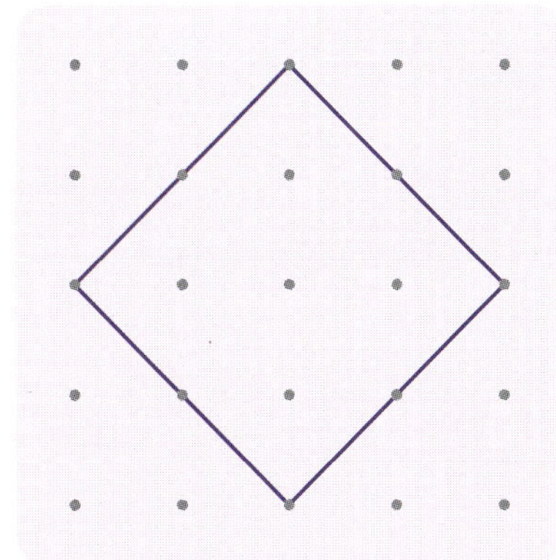

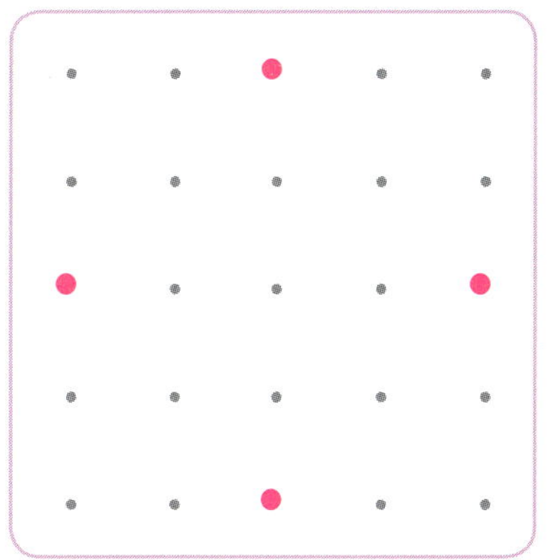

1 초콜릿 조각 스티커를 2개씩 사용하여 왼쪽 모양과 똑같은 모양을 완성하
시오.

준비물 · 초콜릿 조각 스티커

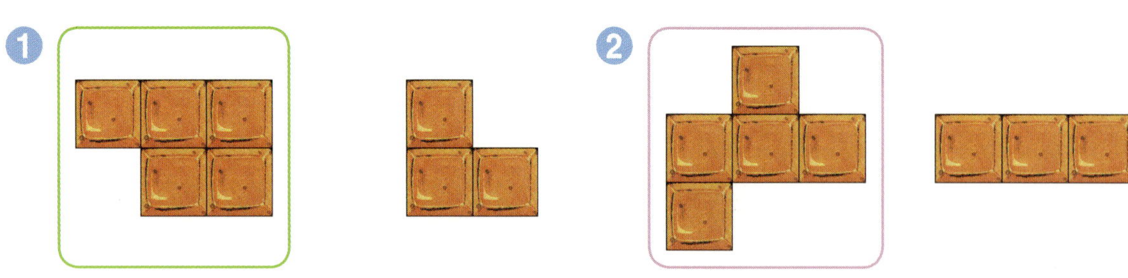

2 멍하니 요괴가 왼쪽 모양과 똑같은 모양을 모눈 위에 그리고 있습니다. 멍
하니 요괴를 도와 모양을 완성하시오.

네모로 만든 모양

초콜릿 조각을 사용하여 만든 퍼즐입니다. 초콜릿 조각 1개를 움직여서 다음과 똑같은 모양으로 변신시키려고 합니다. 옮기는 조각에 ○표 하시오.

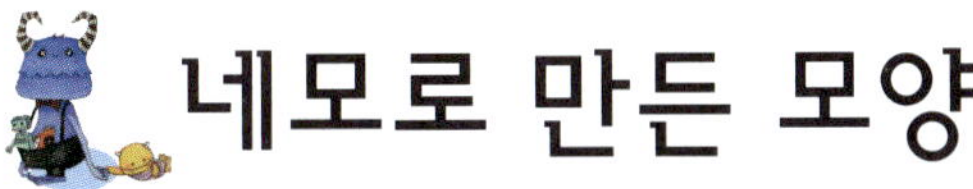

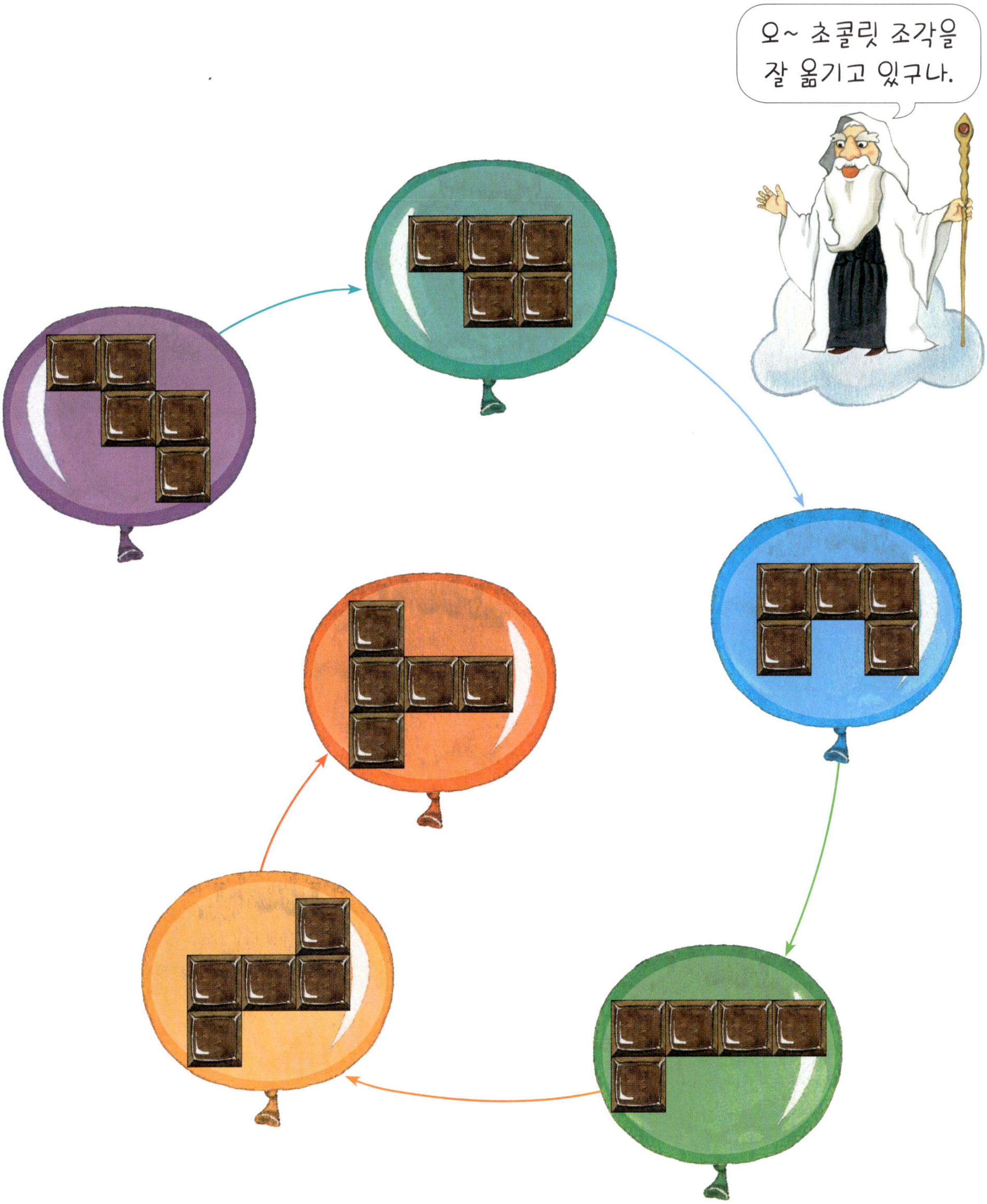

다음과 같은 모양 색종이를 잘라 똑같은 모양 조각 2개를 만들려고 합니다. 자르는 선을 그으시오.

노크 포인트

네모 모양을 움직여서 주어진 모양과 같은 모양을 만들 때는 주어진 모양과 비교하여 없는 네모 모양을 찾은 다음 그 조각을 움직여서 만듭니다.

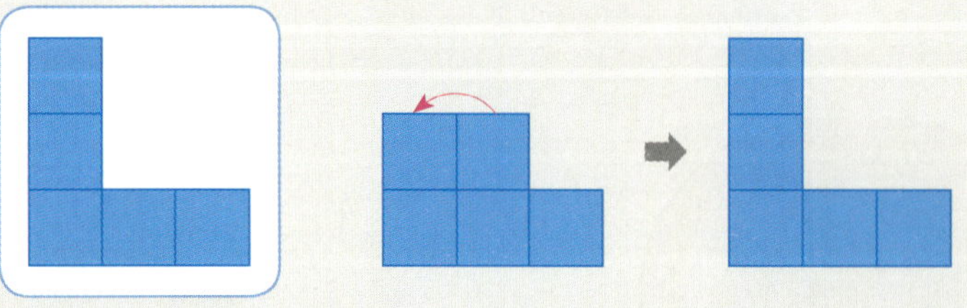

점 종이에 주어진 모양과 같은 모양을 그릴 때는 점 종이 위에 뾰족한 부분의 위치를 점을 찍어 나타낸 다음 그 점들을 연결하여 그립니다.

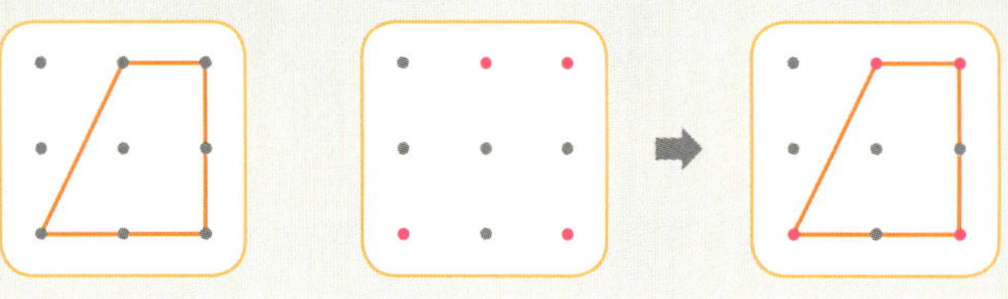

정답및 해설

평면 도형

PA3
(7~8세)

누구나 쉽고 재미있게
사고력
수학
느크

MEMO

MEMO

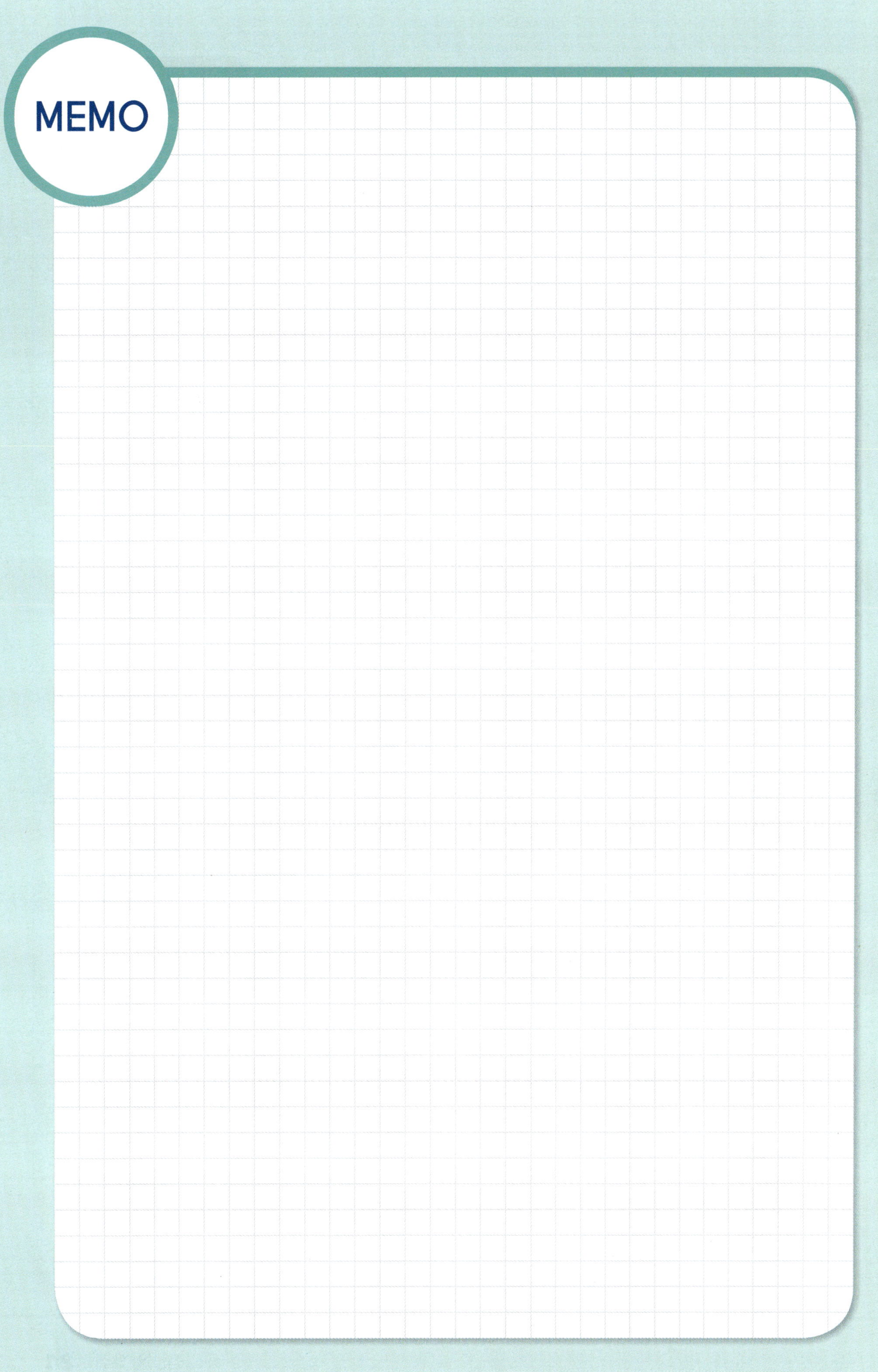
MEMO

순서대로 지나기

양이 출발점부터 도착점까지 수의 순서에 맞게 모든 칸을 한 번씩만 지나가려고 합니다. 지나는 길을 알아봅시다.

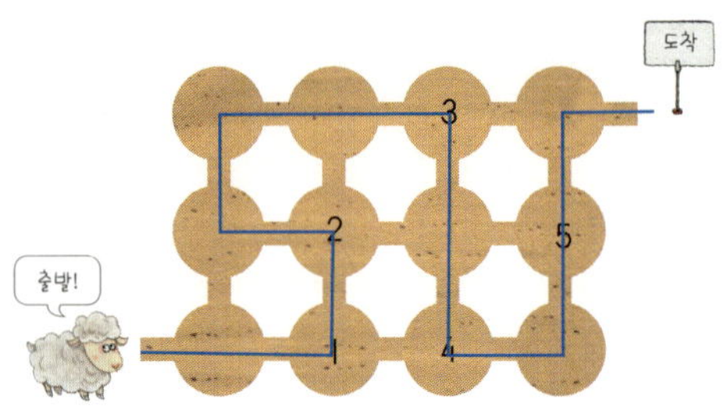

❶ 수의 순서에 맞게 칸을 지나야 하므로 1, 2가 있는 칸부터 먼저 지나야 합니다. 출발부터 시작하여 2까지 선을 그으시오.

❷ 2가 있는 칸부터 3이 있는 칸까지 가는 가장 짧은 선을 긋고, 빈칸이 생기지 않도록 그 선을 늘이시오.

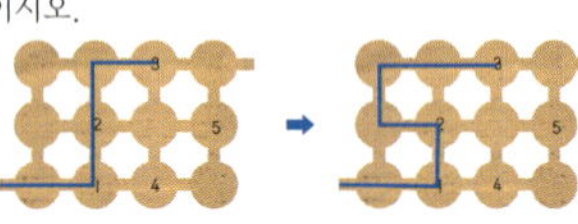

❸ 3부터 5까지 순서대로 지나는 선을 그어 미로를 통과하시오.

[얼음 콩콩]

1 큐리가 수의 순서에 따라 얼음 위를 지납니다. 펭귄이 있는 칸을 제외한 모든 얼음을 한 번씩만 지나가려고 할 때 큐리가 가는 길을 나타내시오.

창의적 문제해결력

1 태돌이가 축구공을 골대에 골인시킬 수 있도록 축구공이 가는 길을 선으로 나타내시오. (단, 축구공은 화살표 방향으로만 갈 수 있습니다.)

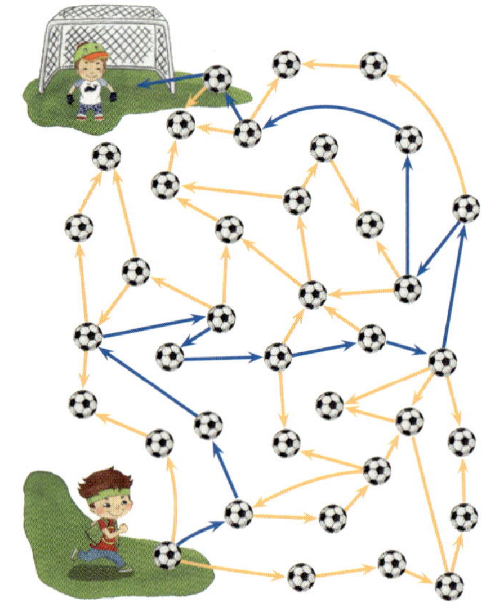

📍 동영상 특강
QR 코드를 찍어 보세요!

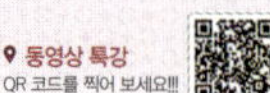

2 아래에 있는 태돌이가 위로 올라올 수 있는 길을 그려 보시오.

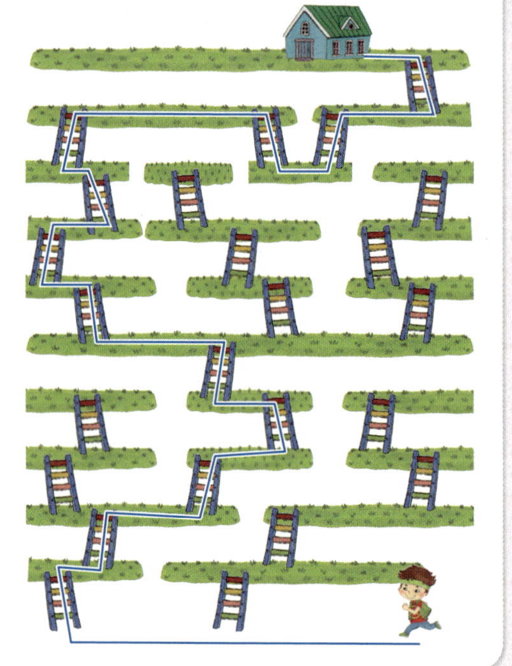

정답 및 해설 **21**

(12) 모든 칸 지나기

찍찍 생쥐가 출발칸부터 도착칸까지 모든 칸을 한 번씩 지나가도록 여러 가지 방법으로 선을 그으시오.

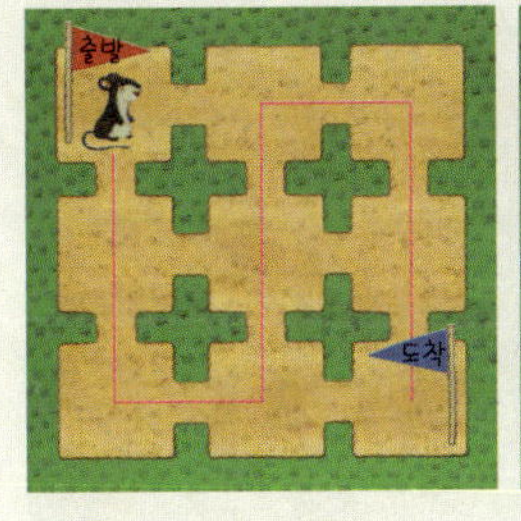

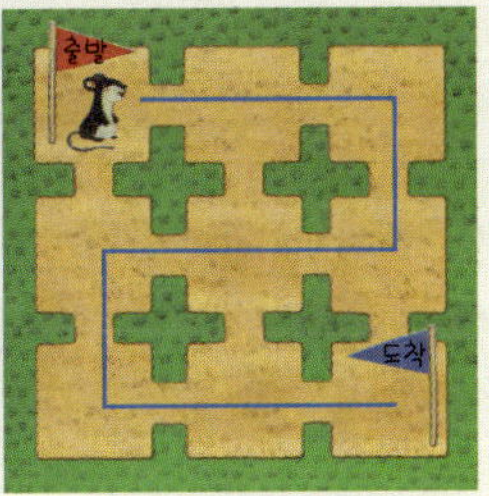

티나가 모든 칸을 한 번씩 다 지나서 집으로 가려고 합니다. 티나가 가는 방법을 선으로 나타내시오.

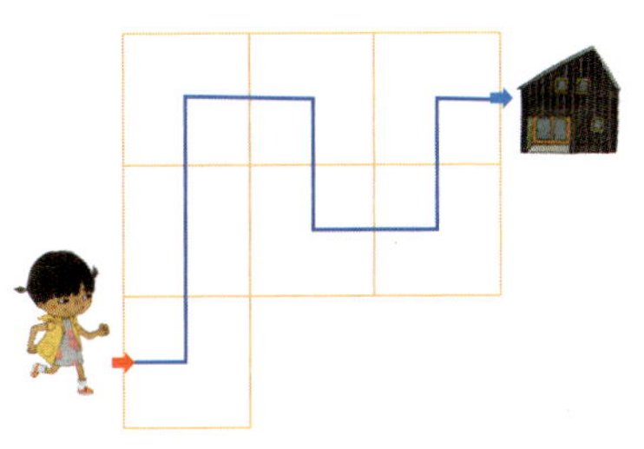

체크 포인트

출발점부터 도착점까지 갈 때 모든 칸을 한 번씩만 통과할 수 있습니다.

출발점부터 도착점까지 갈 때 칸 안에 쓰인 수를 순서대로 통과할 수 있습니다.

요괴 칸 빼고 지나기

꼬마 해적 티나는 요괴가 있는 칸을 뺀 나머지 칸을 모두 한 번씩 지나 보물 상자가 있는 곳으로 가려고 합니다. 티나가 가는 길을 선으로 나타내시오.

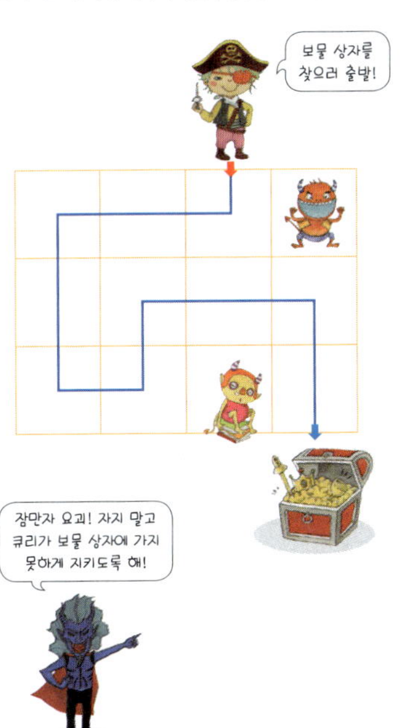

[요괴 피하기]

1 꼬마 요괴가 있는 칸을 뺀 나머지 칸을 모두 한 번씩 지나가시오.

❶

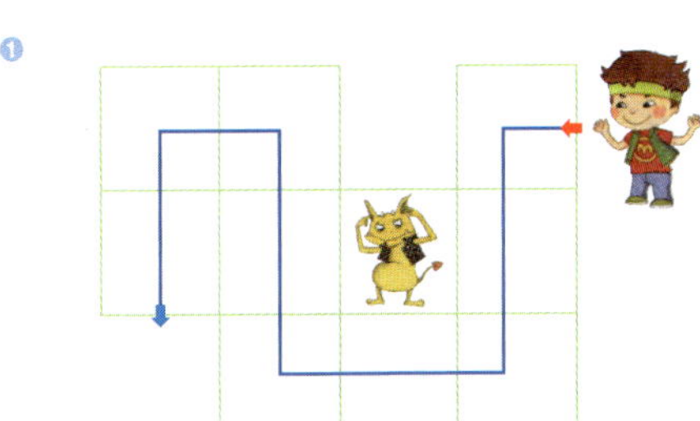

❷

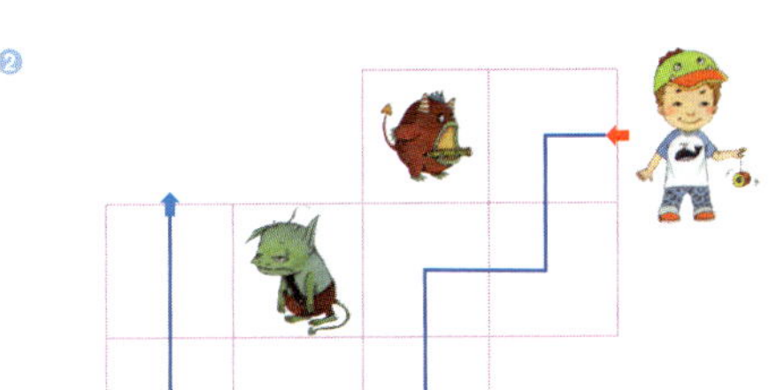

입구는 어디?

개미가 집을 찾아가려고 합니다. 어느 입구로 들어가야 하는지 기호를 쓰시오. ㉠

[조정 경기]

1 태돌이가 조정 경기에 참가하였습니다. 세 가지 길 중 하나를 선택하여 출발할 때, 악어를 만나지 않고 도착지까지 갈 수 있는 길은 어디입니까? ㉡

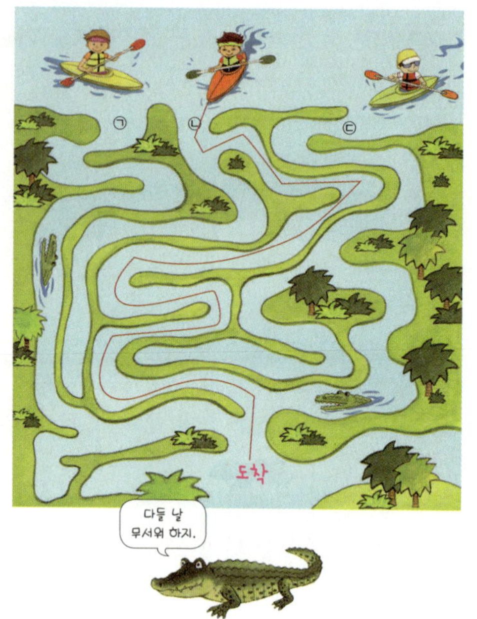

미로 통과

펭귄이 미로를 통과하여 집으로 갑니다. 펭귄이 집으로 가는 가장 빠른 길을 선으로 나타내고, 그 때 잡을 수 있는 물고기의 수를 ☐ 안에 써넣으시오.

[놀이터 미로]

1 태돌, 현우, 티나, 큐리가 각자 미로를 통과하여 놀이터에 가려고 합니다. 놀이터에 갈 수 있는 사람의 이름을 쓰시오. 태돌, 티나

정답 및 해설 **19**

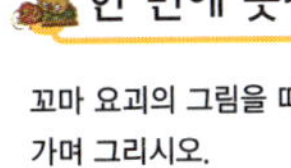 **한 번에 긋기**

꼬마 요괴의 그림을 따라 종이에서 연필을 떼지 않고 모든 선을 한 번씩만 지나가며 그리시오.

장난 요괴

딴소리 요괴

거꾸로 요괴

딴짓 요괴

---

1 [한붓그리기]
연필을 종이에서 떼지 않고 모든 선을 한 번씩만 지나가며 그리는 것을 한붓그리기라고 합니다. 다음 중 한붓그리기가 가능한 모양은 몇 개입니까?

3개

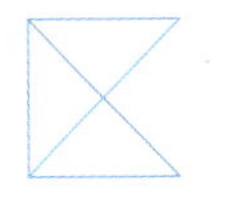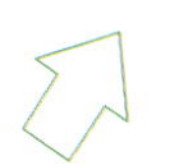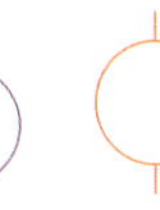

3개의 모양이 한붓그리기가 가능합니다.

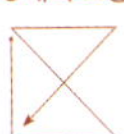

2 [토끼와 당근]
길을 따라 맛있는 당근이 놓여져 있습니다. 토끼가 모든 길을 한 번씩만 지나서 당근을 모두 가져올 수 있도록 길을 지나는 방법을 나타내시오.

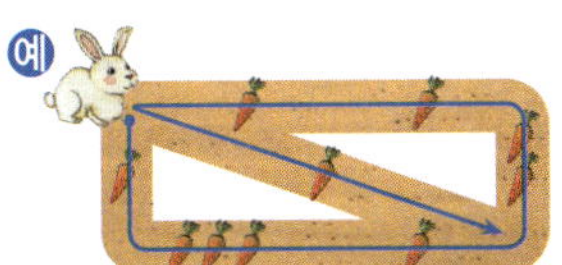

길을 지나는 방법은 예시 답안과 다를 수 있으나 길을 모두 지나고 토끼가 마지막에 도착하는 곳은 같습니다.

---

11 미로

간단한 미로를 통과하여 봅시다.

기사가 미로를 지나 성으로 갑니다. 폭탄을 피해 미로를 통과하는 길을 선으로 나타내시오.

 **포인트**

미로는 복잡한 길을 따라 출발점에서 시작하여 도착점까지 가는 퍼즐입니다.
복잡한 미로에서는 갈 수 없는 길을 먼저 표시한 다음 표시하지 않은 길을 따라 미로를 통과할 수 있습니다.

---

18   PA3 평면도형

미로와 퍼즐

10 선 따라가기

강아지가 뼈다귀를 먹으려면 몇 번 줄을 선택해야 합니까? ③

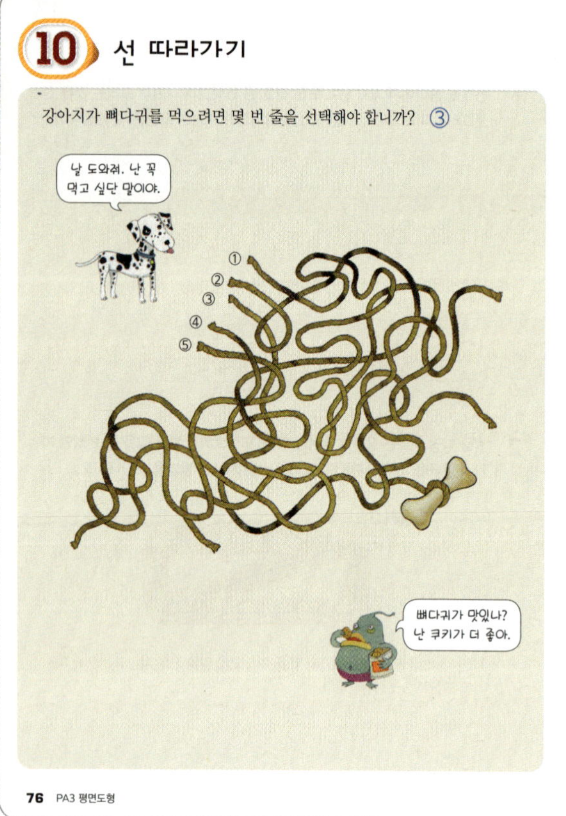

코드가 꽂힌 형광등을 노랗게 색칠하시오.

누리 포인트

선 따라가기 퍼즐은 원하는 선을 끝까지 따라가면 문제를 해결할 수 있습니다. 강아지 목걸이에 이어진 줄을 따라 선을 그으면 몇 번째 줄이 강아지에게 묶여 있는지 알 수 있습니다.

주인 찾기

태돌이와 티나, 큐리가 강아지를 산책시키러 나왔습니다. 각각 누구의 강아지인지 □ 안에 써넣으시오.

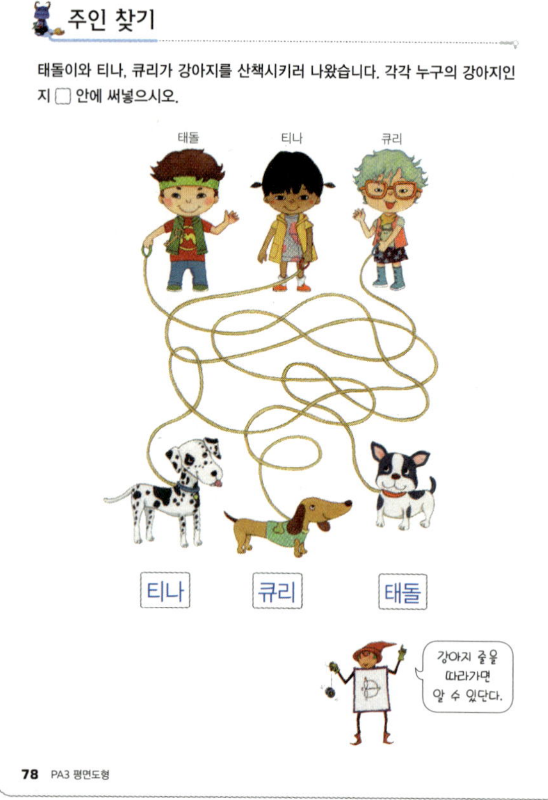

[순서대로 줄 따라 가기]

1 ①부터 순서대로 줄을 따라가서 나오는 글자들을 차례로 연결하시오.

나는 수학 대장

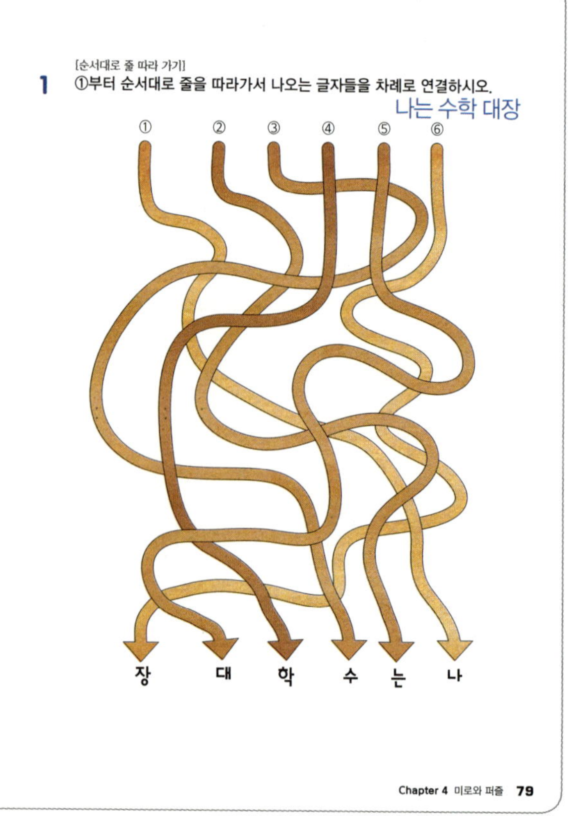

정답 및 해설 **17**

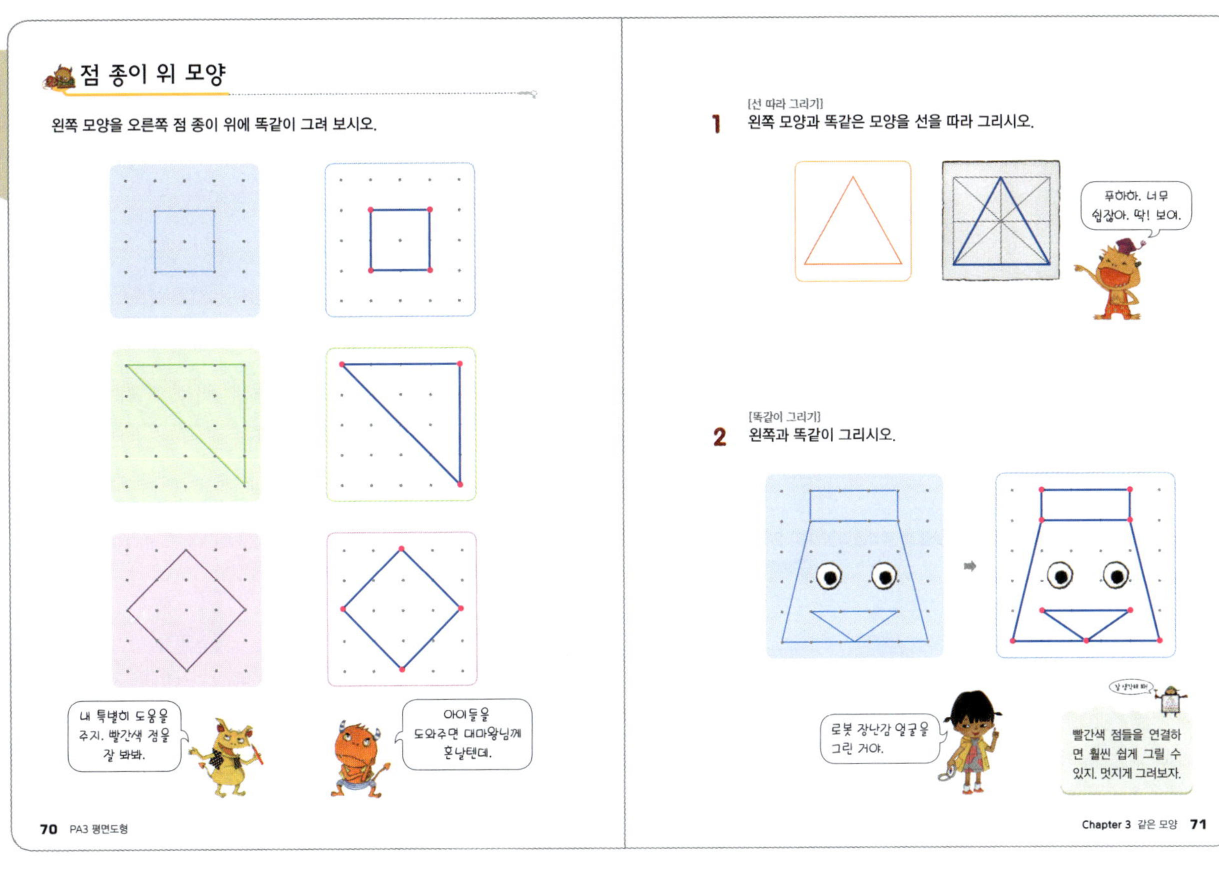

점 종이 위 모양
왼쪽 모양을 오른쪽 점 종이 위에 똑같이 그려 보시오.

내 특별히 도움을 주지. 빨간색 점을 잘 봐봐.
아이들을 도와주면 대마왕님께 혼날텐데.

[선 따라 그리기]
1 왼쪽 모양과 똑같은 모양을 선을 따라 그리시오.

푸하하. 너무 쉽잖아. 딱! 보여.

[똑같이 그리기]
2 왼쪽과 똑같이 그리시오.

로봇 장난감 얼굴을 그린 거야.

빨간색 점들을 연결하면 훨씬 쉽게 그릴 수 있지. 멋지게 그려보자.

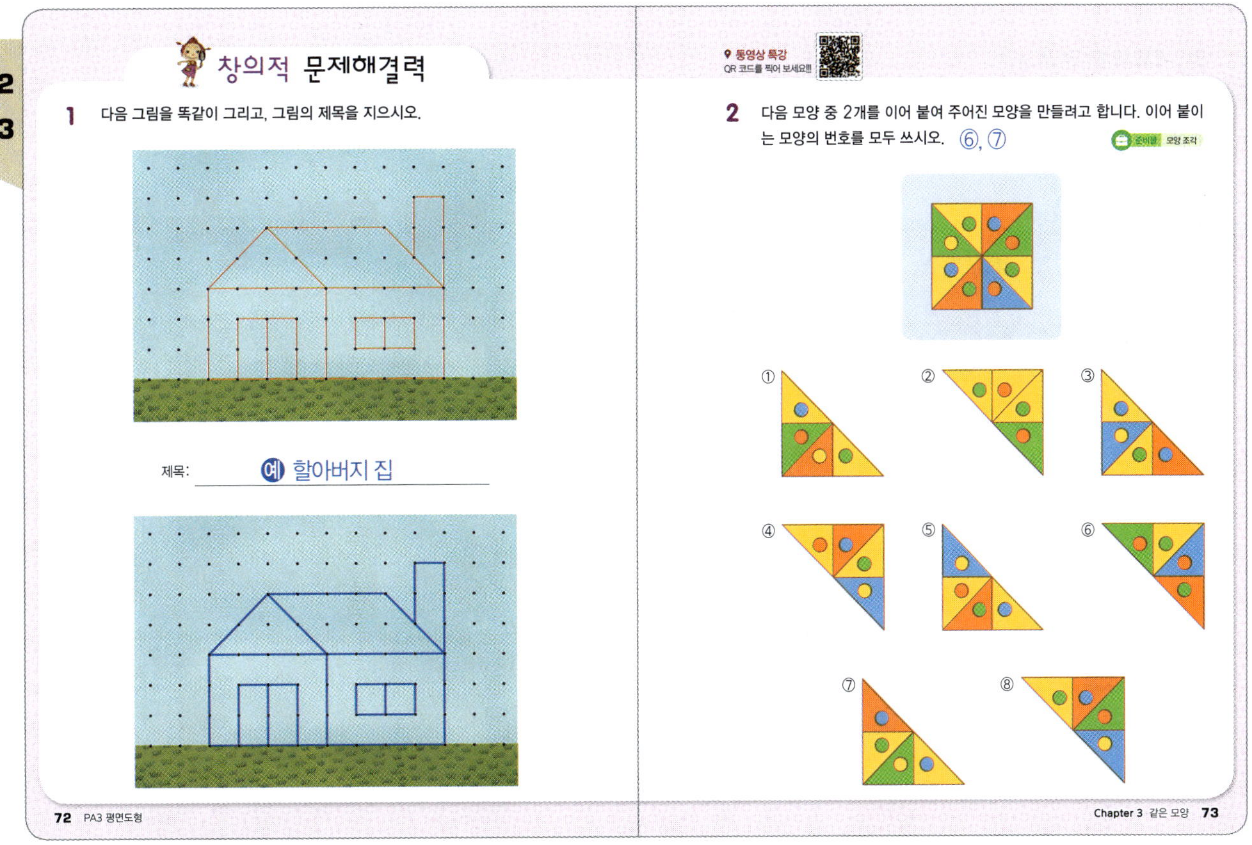

창의적 문제해결력
1 다음 그림을 똑같이 그리고, 그림의 제목을 지으시오.

제목: 예 할아버지 집

동영상 특강
QR 코드를 찍어 보세요!

2 다음 모양 중 2개를 이어 붙여 주어진 모양을 만들려고 합니다. 이어 붙이는 모양의 번호를 모두 쓰시오. ⑥, ⑦

놀이를 모양 조각

① ② ③
④ ⑤ ⑥
⑦ ⑧

9 같은 모양 만들기

태돌이가 색종이를 잘라 똑같은 조각 **2**개를 만들었습니다.

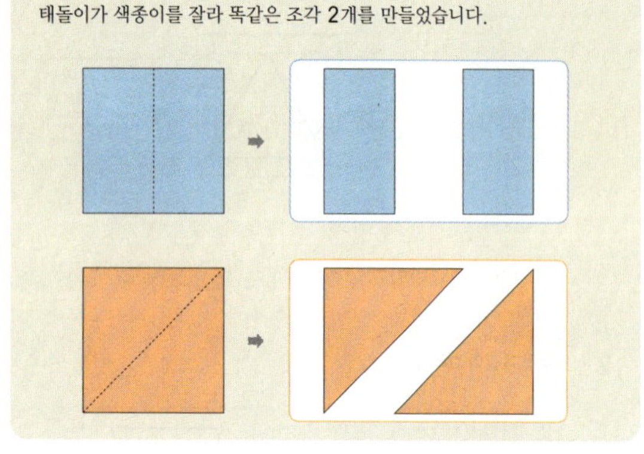

다음 세모 모양의 색종이를 선을 따라 잘랐을 때 똑같은 모양 조각 **2**개가 나오는 것의 기호를 쓰시오. ㉠

준이랑 모양 색종이

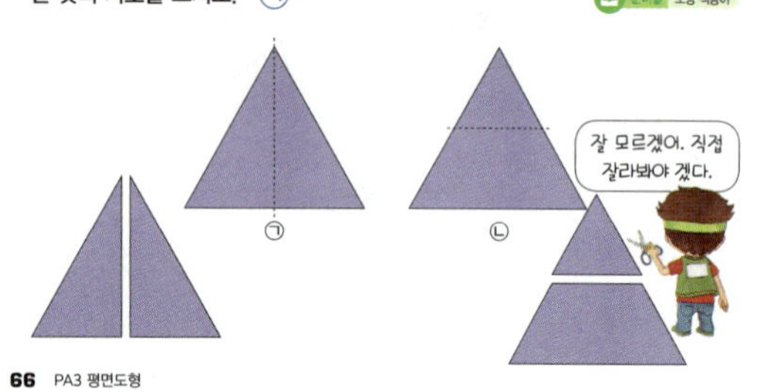

㉠   ㉡

다음과 같은 모양 색종이를 잘라 똑같은 모양 조각 **2**개를 만들려고 합니다. 자르는 선을 그으시오.

준비물 모양 색종이

예

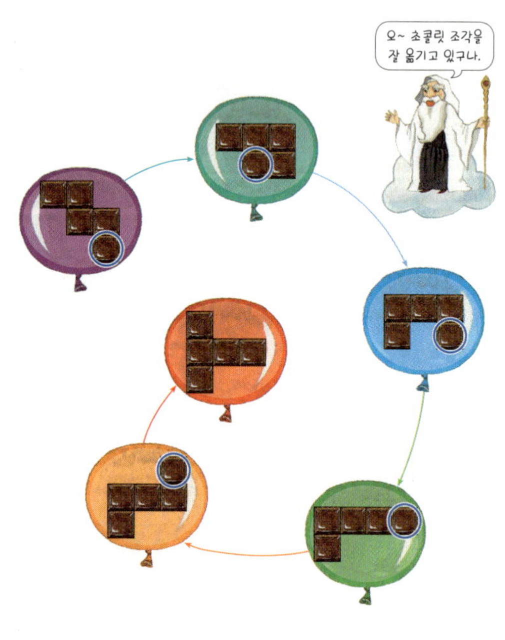

여러 가지 답이 있습니다.

콕콕 포인트

네모 모양을 움직여서 주어진 모양과 같은 모양을 만들 때는 주어진 모양과 비교하여 없는 네모 모양을 찾은 다음 그 조각을 움직여서 만듭니다.

점 종이에 주어진 모양과 같은 모양을 그릴 때는 점 종이 위에 뾰족한 부분의 위치를 점을 찍어 나타낸 다음 그 점들을 연결하여 그립니다.

네모로 만든 모양

초콜릿 조각을 사용하여 만든 퍼즐입니다. 초콜릿 조각 **l**개를 움직여서 다음과 똑같은 모양으로 변신시키려고 합니다. 옮기는 조각에 ◯표 하시오.

[모양 완성]

1 초콜릿 조각 스티커를 **2**개씩 사용하여 왼쪽 모양과 똑같은 모양을 완성하시오.

준비물 초콜릿 조각 스티커

①    ② 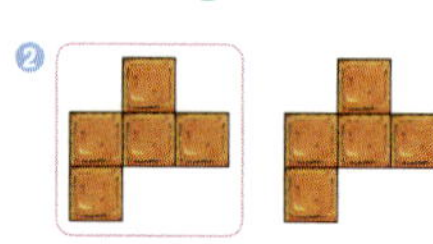

만들어져 있는 부분이 왼쪽 모양의 어느 부분인지 찾아본 후 초콜릿 조각을 붙여서 남은 부분을 완성합니다.

[모양 그리기]

2 멍하니 요괴가 왼쪽 모양과 똑같은 모양을 모눈 위에 그리고 있습니다. 멍하니 요괴를 도와 모양을 완성하시오.

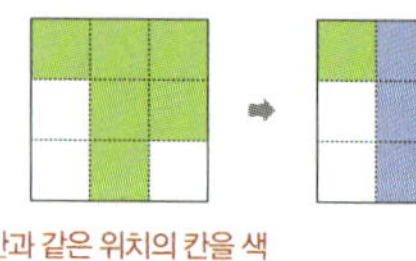 

왼쪽의 색칠된 칸과 같은 위치의 칸을 색칠하도록 지도합니다.

돌려도 같은 모양

그림 카드를 돌려서 나오는 모양에 맞게 그림 스티커를 붙이시오.

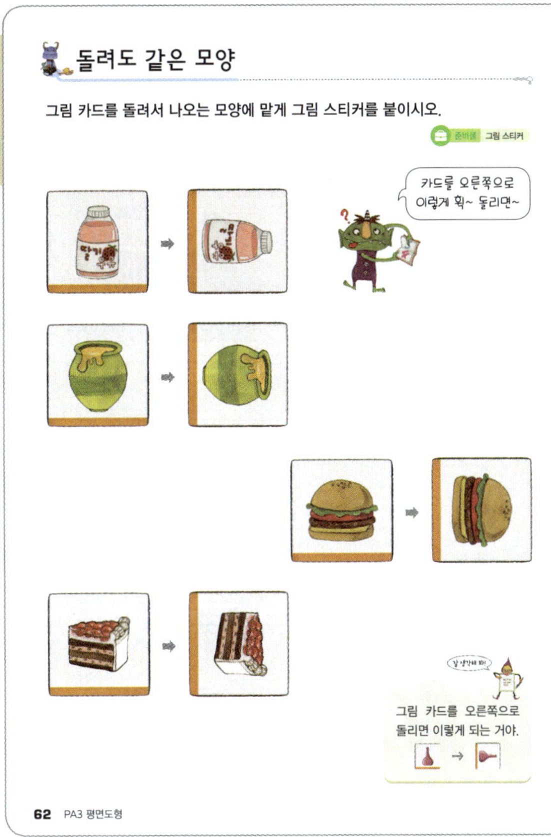

[돌린 카드]
1 주어진 모양 카드를 오른쪽으로 돌렸습니다. 알맞은 카드의 기호를 쓰시오.

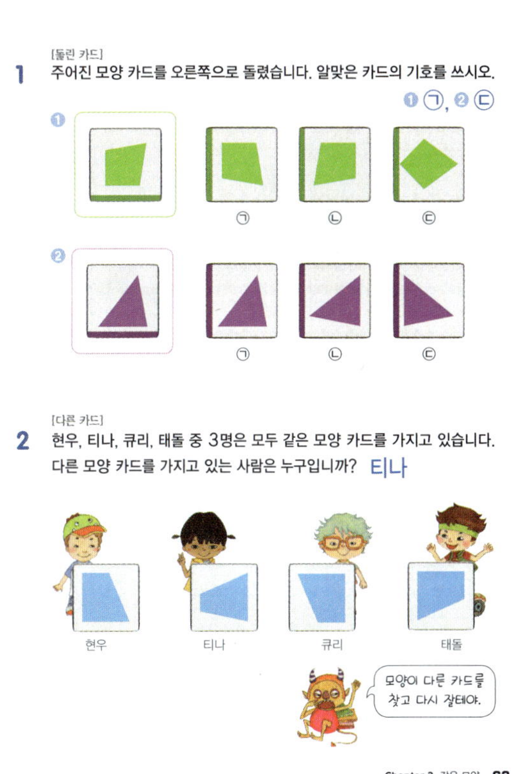

[다른 카드]
2 현우, 티나, 큐리, 태돌 중 3명은 모두 같은 모양 카드를 가지고 있습니다. 다른 모양 카드를 가지고 있는 사람은 누구입니까? 티나

거울 속 모양

현우가 거울에 모습을 비추어 보고 있습니다. 거울에 비친 모습에 맞게 동물 스티커를 붙여 보시오.

[잘못된 거울]
1 거울에 비친 모습이 잘못된 거울에 ✕표 하시오.

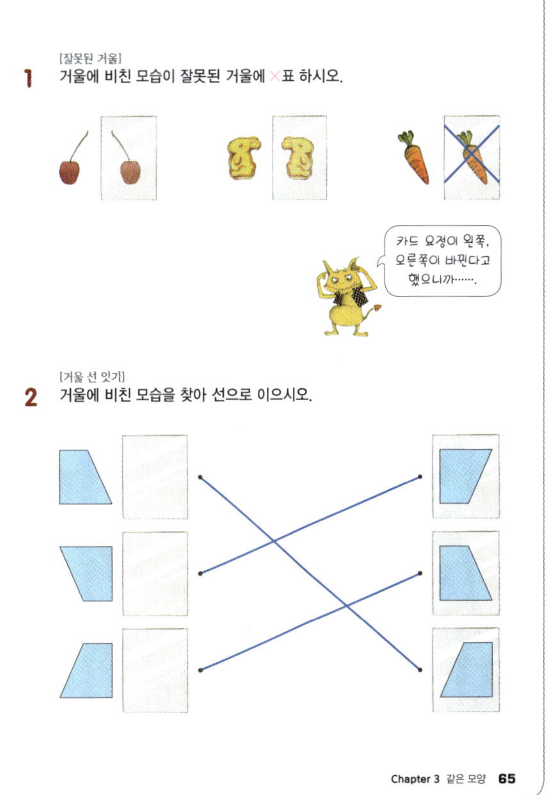

[거울 선 잇기]
2 거울에 비친 모습을 찾아 선으로 이으시오.

14 PA3 평면도형

🐗 다른 부분 찾기

두 그림을 비교하여 다른 부분 5곳을 모두 찾아 ◯표 하시오.

[다른 퍼즐 조각]

1 두 퍼즐에서 다른 조각 2개를 찾아 오른쪽 퍼즐에 ◯표 하시오.

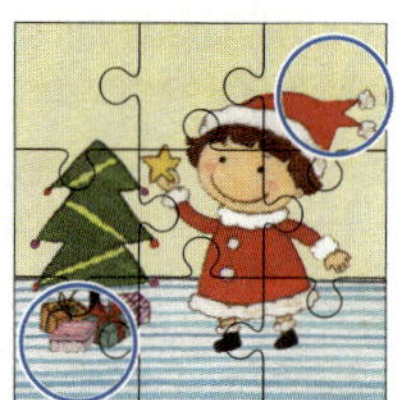

[다른 부분]

2 태돌이 사진을 비교하였을 때 다른 부분은 모두 몇 부분입니까? **2부분**

왼쪽 사진은 눈을 감고 목걸이를 하였고 오른쪽 사진은 눈을 뜨고 목걸이를 하지 않았습니다.

⑧ 모양 카드

모양 카드 4장을 가지고 있는 태돌이는 성문을 지나갈 때마다 카드 요정에게 같은 모양이 있는 카드를 주어야 합니다. 성문을 모두 통과한 후 남은 카드에 ◯표 하시오.

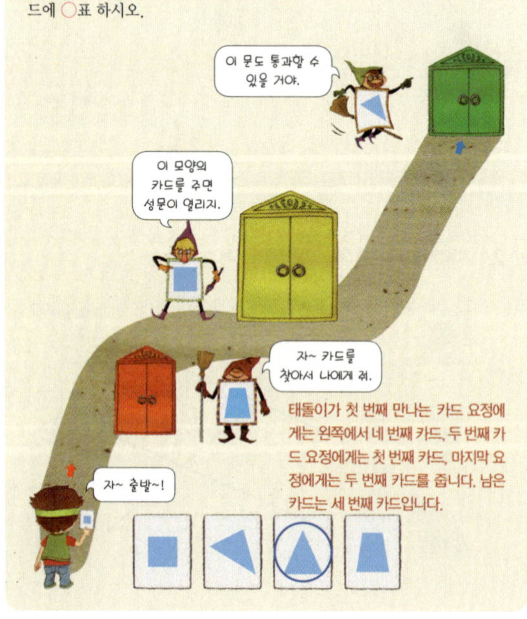

🔄 가운데 있는 모양과 같은 모양이 있는 칸에 색칠하시오.

🐜 노트 포인트

① 똑같은 모양은 돌려도 같은 모양입니다.

② 거울에 비친 모습은 왼쪽과 오른쪽이 바뀝니다.

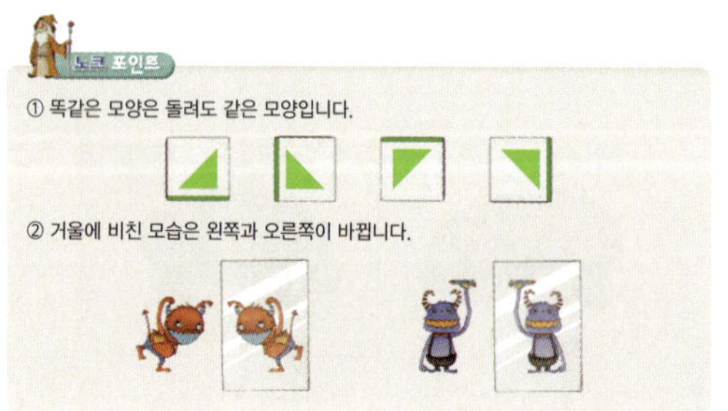

정답 및 해설 **13**

Chapter 3

같은 모양

7 목걸이 찾기

태돌이가 황금 열쇠 목걸이를 깊은 산속의 연못에 빠뜨렸습니다. 대마법사 멀린은 연못 속에서 황금 열쇠 목걸이 3개를 꺼내 보여주며 묻습니다.

태돌이의 황금 열쇠 목걸이는 다음과 같이 생겼습니다. 3개의 목걸이 중 태돌이의 목걸이를 찾아 ○표 하시오.

주어진 그림과 같은 그림을 찾아 색칠하시오.

로그 포인트

모양, 색깔, 무늬를 비교하여 똑같은 것을 찾을 수 있습니다.

모양이 다릅니다.　색이 다릅니다.　무늬가 다릅니다.　똑같은 신발입니다.

짝짓기

예쁜 장화들 중 짝이 맞는 장화가 큐리의 장화입니다. 큐리의 신발장에 장화 스티커를 붙이시오.

준비물 장화 스티커

같은 장화를 여러 번 짝이 있는지 찾지 않도록 짝이 있는지 찾아 본 장화는 표시하여 다시 찾지 않도록 합니다.

큐리의 신발장

---

1 [짝이 없는 그림]
같은 그림끼리 짝을 지었을 때, 짝이 없는 그림을 찾아 ✕표 하시오.

2 [사진]
티나를 찍은 사진입니다. 관계있는 것끼리 선으로 이으시오.

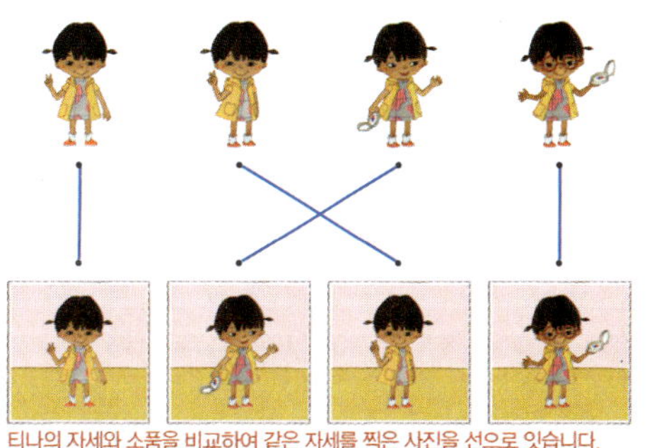

티나의 자세와 소품을 비교하여 같은 자세를 찍은 사진을 선으로 잇습니다.

🐦 종류

하늘에 여러 마리의 새들이 날고 있습니다. 모두 몇 종류의 새가 날고 있습니까?

6 종류

각 구성 요소를 구별하는 문항입니다. 구성 요소별로 표시를 다르게 하여 표시하면 모두 몇 종류의 새가 있는지 쉽게 알 수 있습니다.

[화살]

1 다음은 화살을 여러 방향으로 놓은 것입니다. 그림에서 찾을 수 없는 화살 방향을 찾아 기호를 쓰시오. ㉡

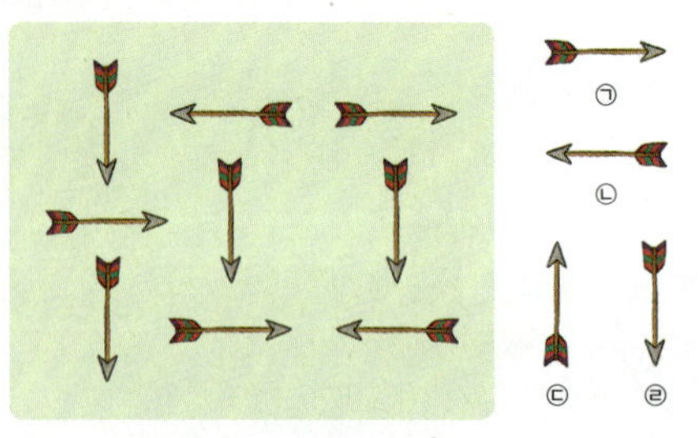

[금화]

2 대마법사 멀린의 보물상자에 들어있는 보물 중 금화만 꺼내어 놓은 것입니다. 모두 몇 종류의 금화가 들어 있습니까? **3 종류**

🧒 창의적 문제해결력

1 다음 중 2개를 이어 붙여 하나의 모양을 만들 수 있는 조각의 기호를 짝을 지어 쓰시오.

준비물 모양 조각

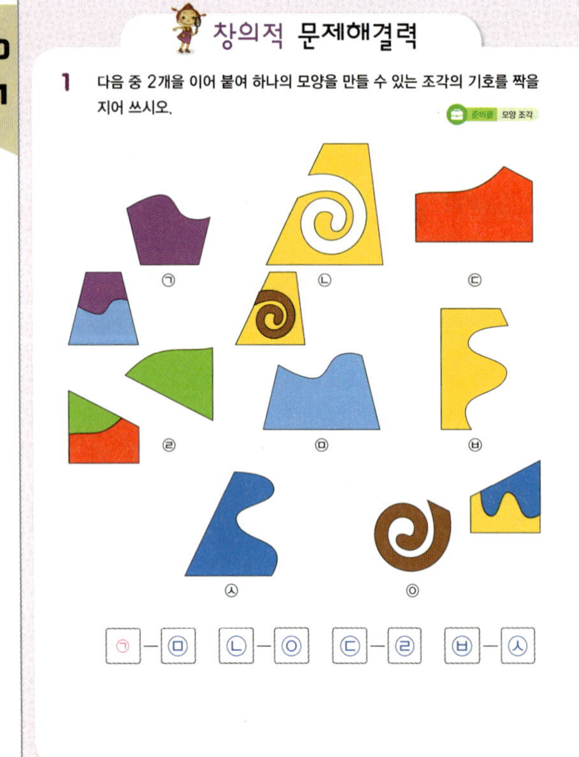

㉠ — ㉤   ㉡ — ㉧   ㉢ — ㉣   ㉥ — ㉦

📹 동영상 특강
QR 코드를 찍어 보세요!♪

2 태돌, 큐리, 티나, 현우는 모양 조각을 1개씩 가지고 있습니다. 퍼즐판에서 모양 조각의 자리를 찾아 알맞게 스티커를 붙이시오.

준비물 모양 조각 스티커

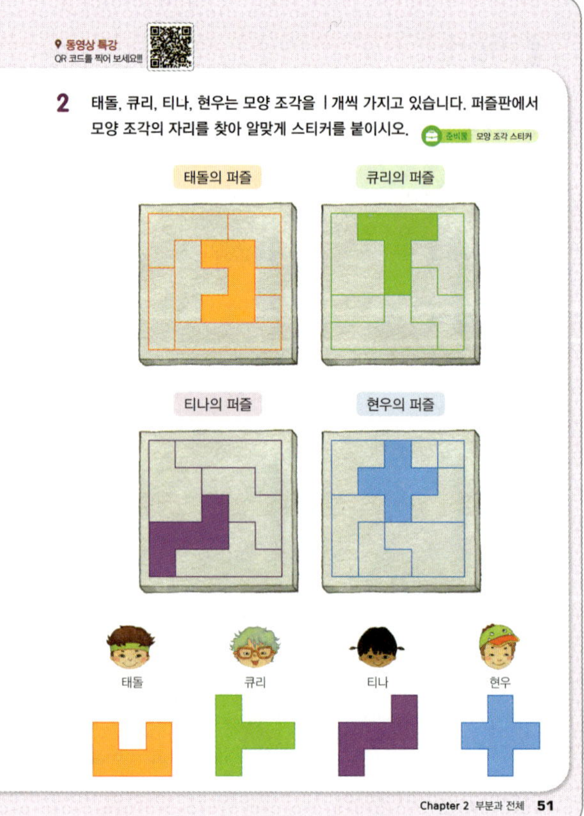

정답 및 해설 **11**

6 원하는 모양 찾기

큐리의 오빠 아인이가 여러 모양의 자동차를 그렸습니다.

다음 중 아인이가 그리지 않은 자동차에 ✕표 하시오.

   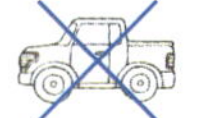

아이가 그림에서 자신이 원하는 것을 찾는 훈련을 할 수 있는 문항입니다. 자동차의 모양의 특징을 기억하고 그 특징에 맞는 자동차를 찾아봅니다. 아이가 어려워 하는 경우 아이와 각 자동차의 특징에 대해 이야기를 나누고, 그를 바탕으로 찾을 수 있도록 합니다.

◉ 다음 그림에서 찾을 수 있는 물건이나 음식을 모두 찾아 ○표 하시오.

누구 포인트

① 여러 개의 사물이 섞여 있는 그림에서 원하는 사물을 찾고자 할 때는 우선 찾아야 하는 사물의 특징(모양, 색깔, 무늬 등)을 자세히 관찰한 다음 찾기 시작합니다.

② 여러 종류의 사물이 섞여 있을 때 같은 종류의 사물에는 모두 같은 표시를 하여 나타내면 빠르고 정확하게 사물의 종류를 알 수 있습니다.

없는 것 찾기

큐리의 생일날 오빠 아인이는 식탁 위에 있는 여러 음식들을 사진으로 찍었습니다. 다음 중 이 식탁을 찍은 사진이 아닌 것의 기호를 쓰시오. ㉣

㉠ ㉡ ㉢

㉣ ㉤ ㉥

㉣에서는 미역국이 보이지 않고 케이크의 모양도 달라져 있습니다.

[장난감]

1 현우네 방에 늘어놓은 장난감을 정리하려고 합니다. 각 상자에 장난감을 넣어 정리할 때 현우에게 없는 장난감이 들어간 상자를 찾아 ✕표 하시오.

비행기 장난감은 찾을 수 있으나 초록색 로봇은 찾을 수 없습니다.

---

10 PA3 평면도형

40 · 41

빈 조각 찾기

고래 퍼즐의 빈 곳에 들어갈 조각의 기호를 알아봅시다. ㉢

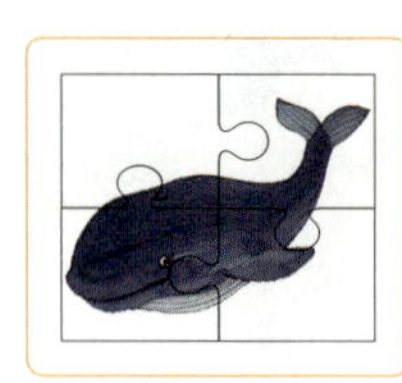 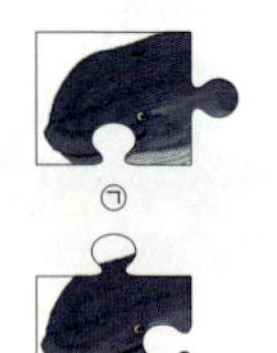 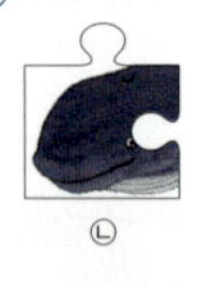 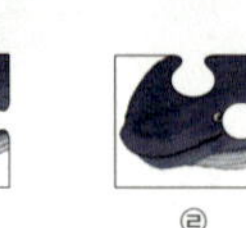

㉠ ㉡ ㉢ ㉣

❶ 오른쪽은 퍼즐의 빈 곳에 들어갈 조각의 모양입니다.
㉠, ㉡, ㉢, ㉣ 중 오른쪽 조각과 모양이 같은 것을 모두 고르시오. ㉡, ㉢

조각의 들어간 부분과 튀어나온 부분, 평평한 부분 등을 비교하여 모양이 같은 조각을 찾습니다.

❷ ❶에서 찾은 조각 중 퍼즐의 빈 곳에 넣었을 때 그림이 완성되는 조각의 기호를 쓰시오. ㉢

[쿠키 퍼즐]
1 쿠키 퍼즐의 빈 곳에 알맞은 조각 스티커를 붙여 퍼즐을 완성하시오.

준비물　쿠키 스티커

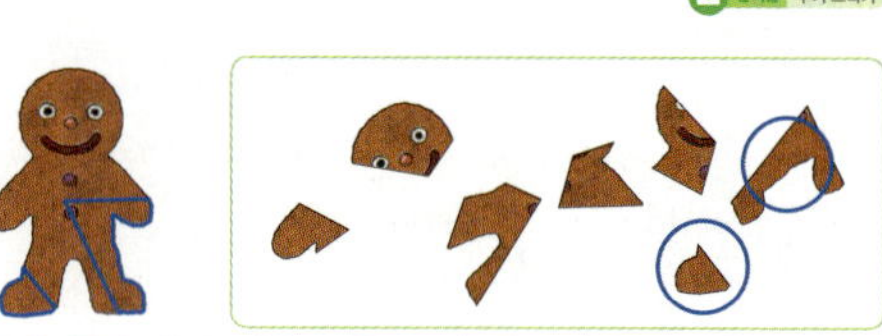

쿠키 퍼즐의 모양과 조각의 모양을 보고 필요한 조각을 찾아 퍼즐을 완성합니다.

[퍼즐 조각]
2 다음 퍼즐 조각은 어느 퍼즐의 일부분인지 찾아 기호를 쓰시오. ㉠

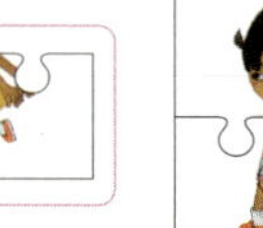 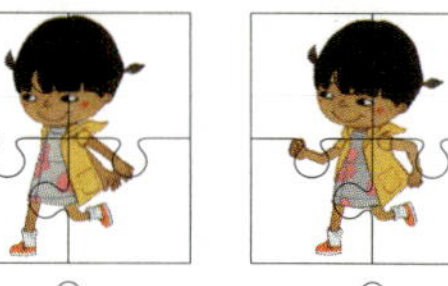 

㉠ ㉡

두 퍼즐 모두 티나의 다리 모양이 비슷하기 때문에 팔 모양의 차이를 보고 조각이 퍼즐 ㉠의 일부분임을 알 수 있습니다.

---

42 · 43

그림 완성하기

알맞은 스티커를 붙여서 다음 그림을 완성하시오.

준비물　과자집 스티커

❶ 조각 스티커 중 구름의 일부가 있는 스티커를 ㉺, 지붕의 일부가 있는 스티커를 ㉢에 붙이시오.

❷ 잔디와 물 뿌리개의 일부가 있는 스티커를 ㉣, 하늘과 케이크의 일부가 있는 스티커를 ㉠, 남은 스티커를 ㉡에 붙이시오.

[열기구]
1 멍하니 요괴가 다음 그림의 일부를 지워버렸습니다. 그림의 빈 곳에 들어갈 모양을 고르시오. ②

① ② ③
④ ⑤

[실뜨기]
2 빈 곳과 관계있는 조각을 알맞게 짝지으시오.

 ― ㉡ 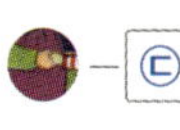 ― ㉢

 ― ㉣ 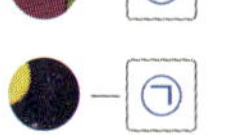 ― ㉠

빈 곳에 어떤 그림이 들어가야할지 예상해 보고 그림의 짝을 맞추면 좀 더 쉽게 찾을 수 있습니다.

정답 및 해설　**9**

조각 맞추기

주어진 모양 조각을 모두 사용하여 다음 모양을 만들어 보시오. 　조비물 모양 조각

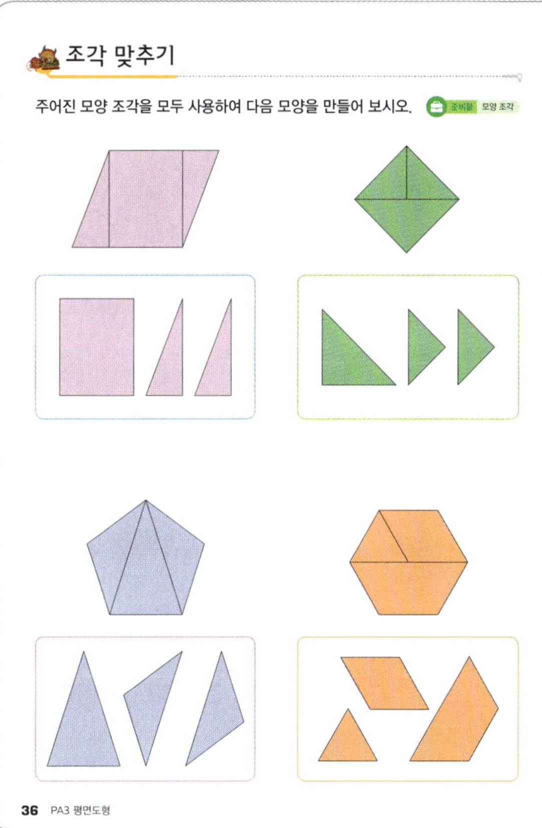

1 주어진 모양을 만드는 데 필요없는 조각을 찾아 ✕표 하시오.

[필요없는 조각]

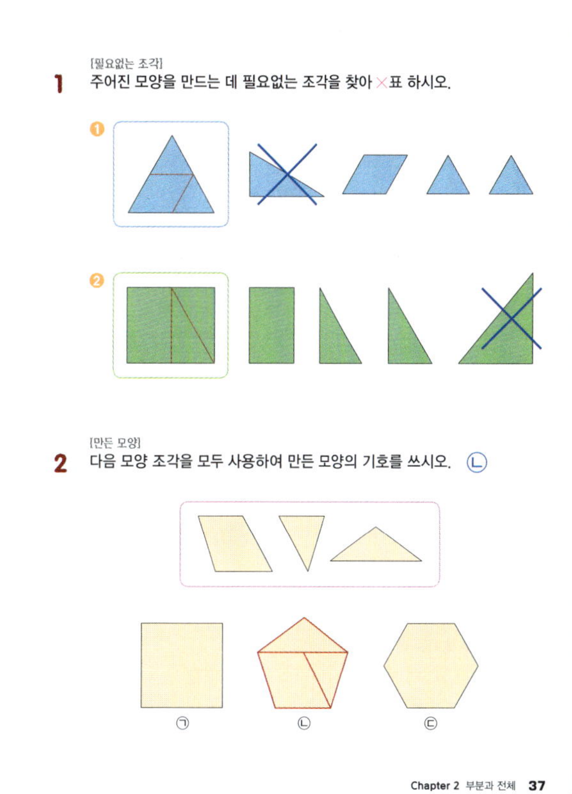

[만든 모양]

2 다음 모양 조각을 모두 사용하여 만든 모양의 기호를 쓰시오.　ⓒ

5　깨진 도자기

꼬마 요괴들이 대마왕이 아끼는 꽃병을 깼습니다. 깨진 꽃병 조각의 모양을 보고 ☐ 안에 꽃병을 깬 꼬마 요괴의 이름을 쓰시오.

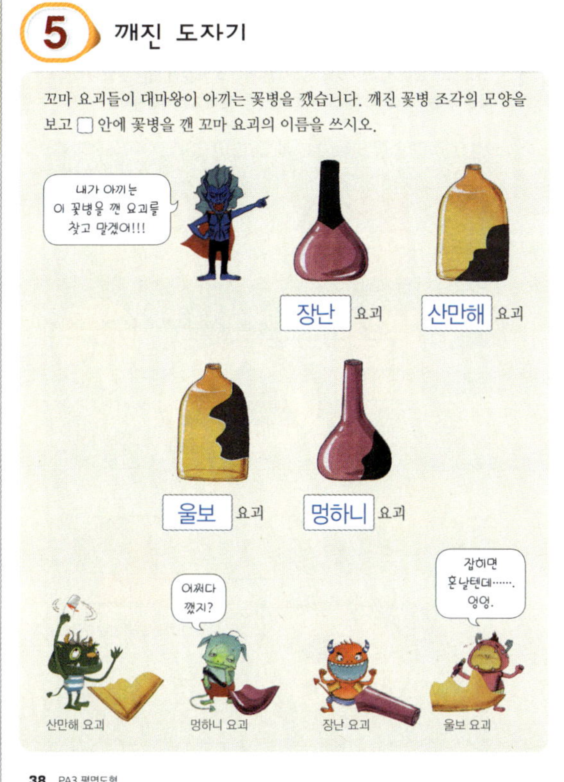

도자기의 깨진 조각의 위치를 찾아 ☐ 안에 알맞은 기호를 써넣으시오.

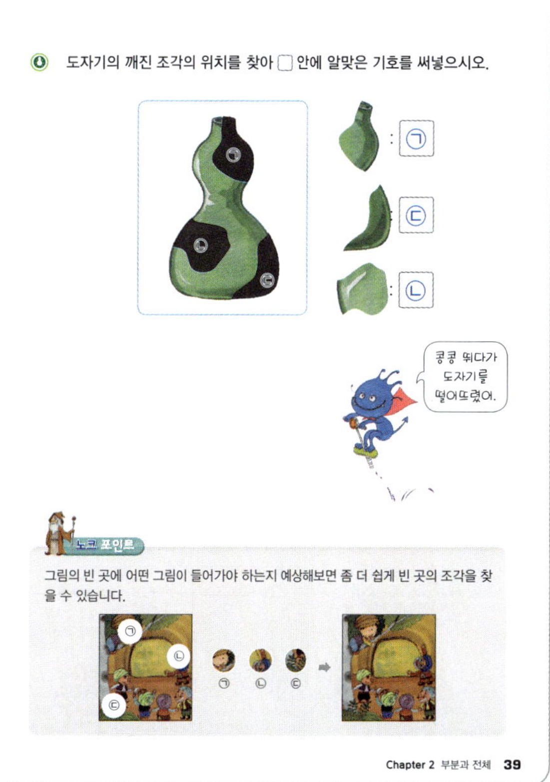

노크 포인트

그림의 빈 곳에 어떤 그림이 들어가야 하는지 예상해보면 좀 더 쉽게 빈 곳의 조각을 찾을 수 있습니다.

8　PA3 평면도형

Chapter 2

부분과 전체

④ 색종이 자르기

티나는 선을 따라 색종이를 자른 다음 자른 조각을 늘어놓았습니다.

준비물 네모 색종이

각 색종이에서 자른 선의 기호를 쓰시오.

선을 따라 색종이를 잘랐을 때 나오는 조각을 모두 찾아 ◯표 하시오.

준비물 모양 색종이

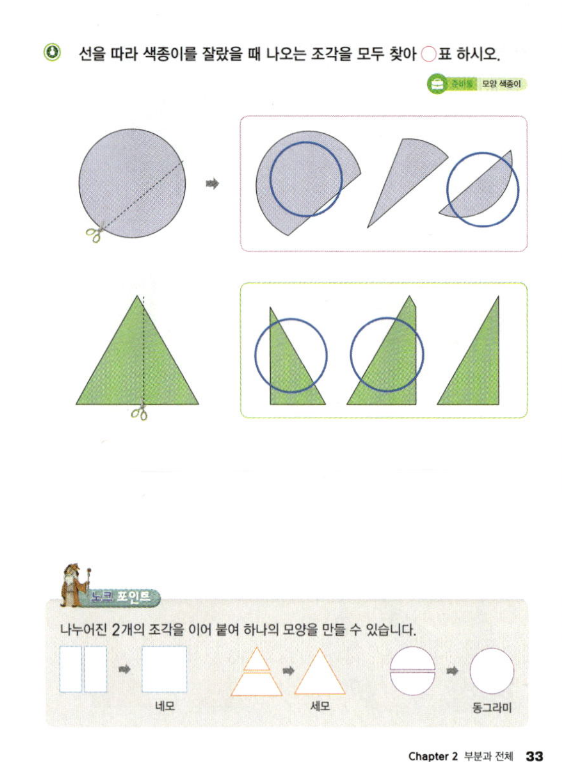

도트리 포인트

나누어진 2개의 조각을 이어 붙여 하나의 모양을 만들 수 있습니다.

네모　　세모　　동그라미

조각 짝짓기

네모, 세모, 동그라미의 일부가 없습니다. 다음 중 알맞은 모양 조각을 찾아 다음 모양을 완성하시오.

준비물 모양 조각 스티커

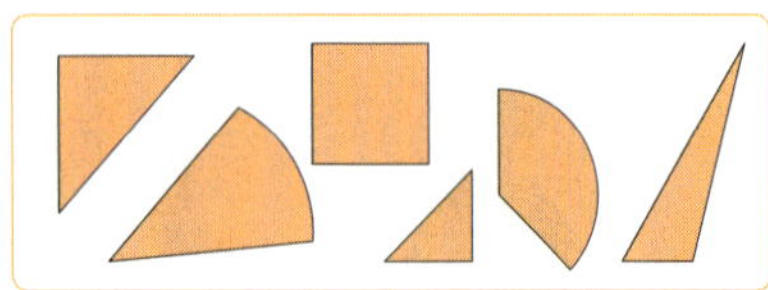

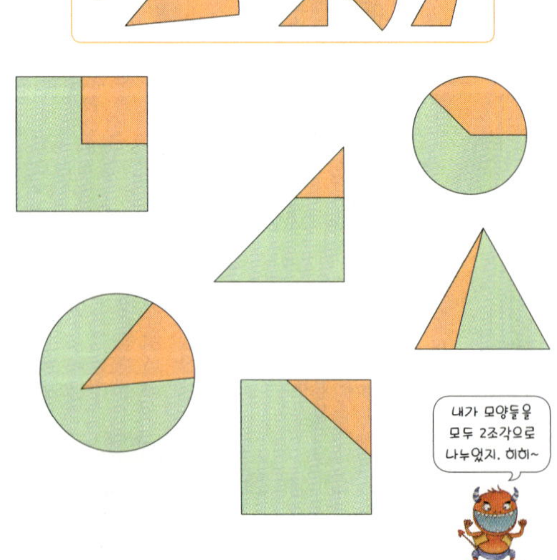

[구름 위 모양 조각]

1 이어 붙여 네모가 되는 모양 조각들은 빨간색, 세모가 되는 모양 조각들은 파란색, 동그라미가 되는 모양 조각들은 노란색으로 색칠하시오.

정답 및 해설 **7**

모양 설명

태돌, 티나, 현우, 큐리의 설명에 맞게 알맞은 모양의 스티커를 붙이시오.

[그림 설명]

1 보기 와 같이 네모, 세모, 동그라미를 사용하여 설명하는 그림을 그리시오.

그림이 예시 답안과 달라도 설명과 맞는 경우 정답입니다.

창의적 문제해결력

1 다음과 같은 모양이 하나씩 그려진 투명지가 있습니다. 투명지 2장을 겹친 모양을 보고, 겹쳐진 2장의 기호를 쓰시오.

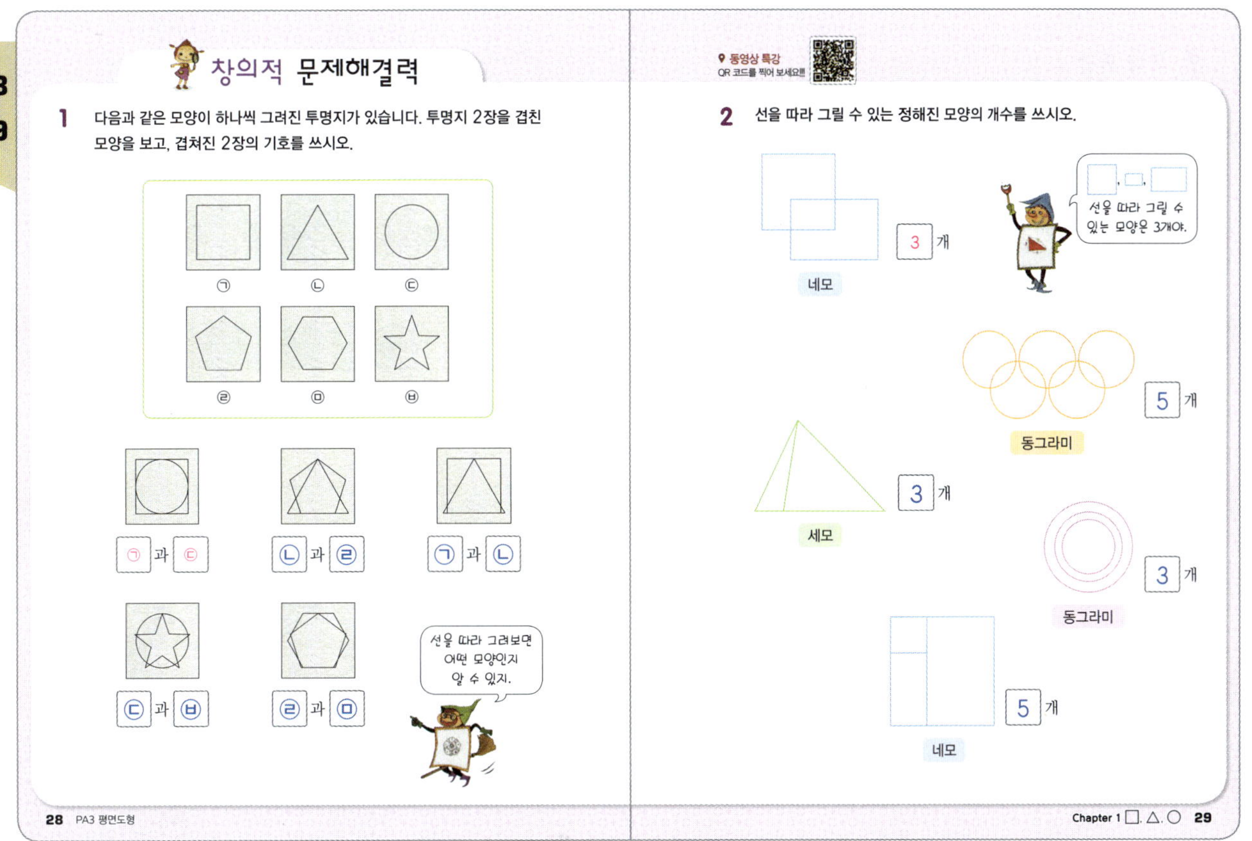

2 선을 따라 그릴 수 있는 정해진 모양의 개수를 쓰시오.

③ 모양 그림

큐리는 오빠 아인이와 함께 네모, 세모, 동그라미를 사용하여 재미있는 그림을 그리고 있습니다. 네모, 세모, 동그라미를 사용하여 그림을 완성하시오.

네모, 세모, 동그라미 모양의 수를 각각 구하시오.

누크! 포인트

모양에서 사용된 네모, 세모, 동그라미의 수를 셀 수 있습니다.

🦖 모양 조각

다음은 네모, 세모, 동그라미 모양을 사용하여 만든 모양입니다. 각 자리에 알맞은 모양 스티커를 붙이시오.

준비물 모양 스티커

[빠진 모양 조각]

1 티나는 왼쪽의 자동차 모양을 세모, 네모, 동그라미 조각을 사용하여 만들고 있습니다. 부족한 모양 조각을 모두 찾아 ○표 하시오.

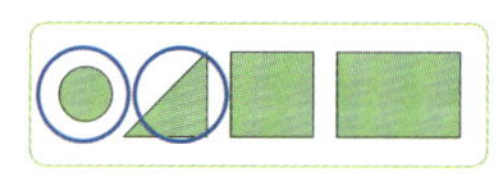

[필요없는 조각]

2 다음은 주어진 조각 중 4개의 조각을 사용하여 만든 모양입니다. 필요없는 조각에 ×표 하시오.

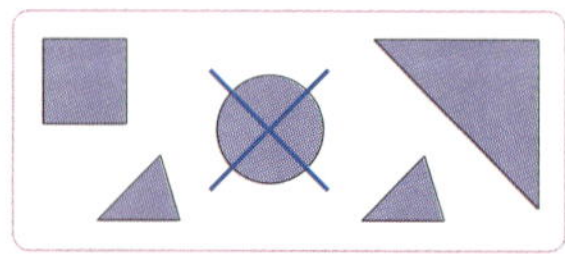
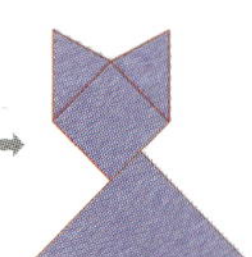

정답 및 해설 **5**

🐾 물건의 모양

주어진 물건 스티커를 물건에서 찾을 수 있는 모양 위에 붙이시오.

준비물 물건 스티커

[다른 모양]

1 다른 모양 하나를 찾아 ✕표 하시오.

①
②
③

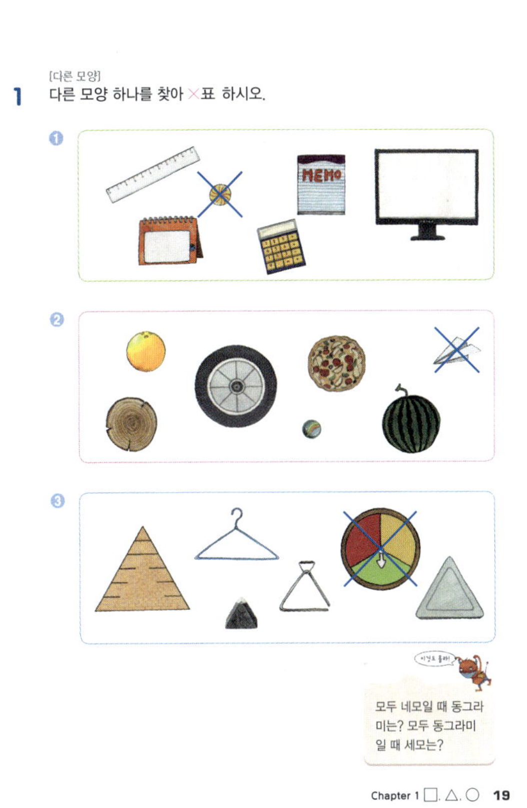

🦫 같은 모양

같은 모양을 찾을 수 있는 것끼리 선으로 이으시오.

답안과 선을 그은 순서가 달라도 한 줄에 놓인 물건에서 찾을 수 있는 모양이 모두 같
도록 선을 그었다면 정답입니다.

[모양 매트릭스]

1 같은 모양을 찾을 수 있는 것끼리 3개씩 묶으시오.

[모양 떠올리기]

2 다음 모양을 보고 생각나는 것 2가지를 각각 쓰시오.

창문		삼각김밥,
예 주사위	동전, 안경	옷걸이
네모	동그라미	세모

---

4   PA3 평면도형

🎯 모양 찾기

숨겨진 네모, 세모, 동그라미를 찾아 같은 모양은 모두 같은 색으로 색칠하시오.
(네모: 빨간색, 세모: 파란색, 동그라미: 노란색)

[모양 미로]

1 현우가 동그라미, 세모, 네모 순서대로 길을 찾아 미로를 통과하여 놀이터에 갑니다. 미로를 통과하는 길을 선으로 나타내시오.

② 생활 속 모양

티나, 태돌, 큐리, 현우가 생활 속에서 네모, 세모, 동그라미 모양을 찾았습니다. □ 안에 네모, 세모, 동그라미를 알맞게 써넣으시오.

각 물건에서 찾을 수 있는 네모, 세모, 동그라미를 물건 위에 그리시오.

🧭 **체크 포인트**

우리 주변의 물건들에서 네모, 세모, 동그라미 모양을 찾을 수 있습니다.

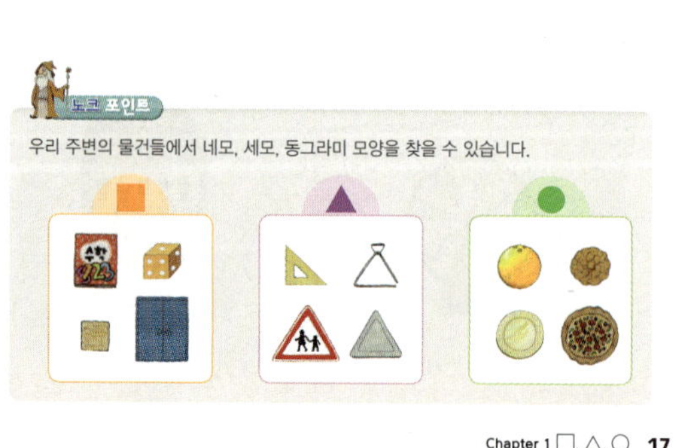

정답 및 해설 **3**

□, △, ○

1 □, △, ○

모양 친구들의 자기 소개 시간입니다. 모양 친구들의 이름을 알아봅시다.

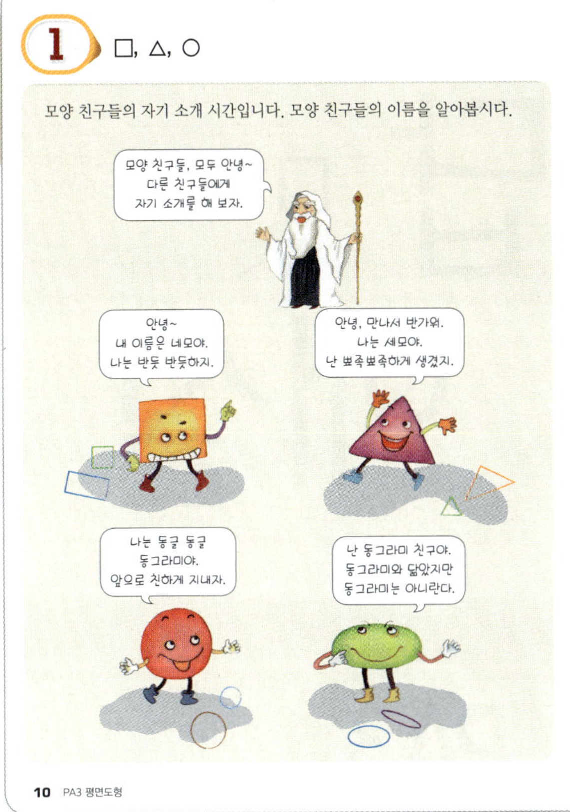

모양을 설명하고 있는 카드와 모양을 선으로 이으시오.

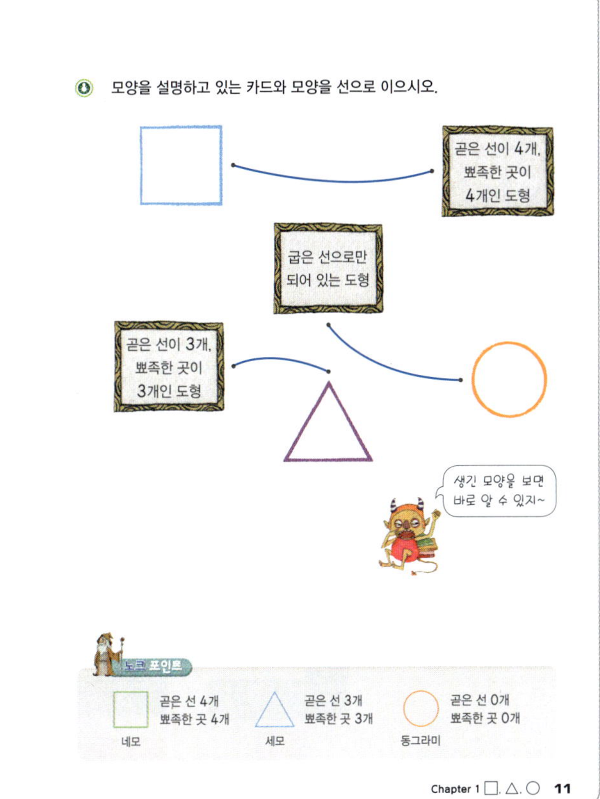

포인트

곧은 선 4개 뾰족한 곳 4개	곧은 선 3개 뾰족한 곳 3개	곧은 선 0개 뾰족한 곳 0개
네모	세모	동그라미

같은 모양

주어진 모양과 같은 모양에 모두 ○표 하시오.

[모양 도장]

1 대마법사 멀린은 카드 요정에게 예쁜 모양 도장을 찍어 주었습니다. □ 안에 알맞은 도장 스티커를 붙이시오.

준비물 도장 스티커

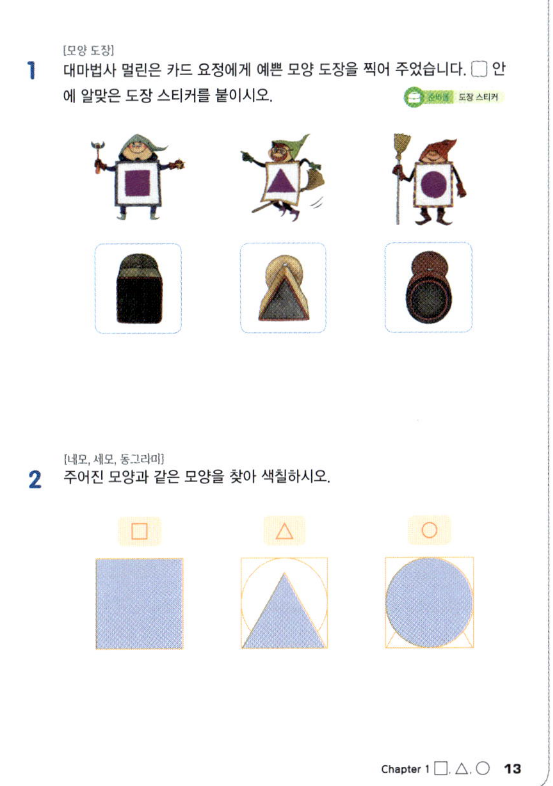

[네모, 세모, 동그라미]

2 주어진 모양과 같은 모양을 찾아 색칠하시오.

정답 및 해설

평면도형

누구나 쉽고 재미있게
사고력
수학
노크

정답및 해설

평면
도형

PA3

(7~8세)

천재교육